008 이중섭

들어가는 글

디지털 이미지의 홍수 속에 살고 있습니다. 그 이미지들은 순간순간 지나치며 재빨리 변해버리는 허상이기에 눈과 마음이 머무를 여지나 깊이 새길 가치가 없는 게 대부분입니다. 공해처럼 쏟아져 들어오는 이미지들 속에서 우리는 좋고 나쁜 것에 대한 판단력도, 기억력도 점점 잃어가고 무뎌진 눈만 껌뻑일 뿐입니다.

여기, 전 세계의 아름다운 명화들을 꺼내온 것은 그 때문입니다. 지치고 피로한 몸과 영혼에 신선한 숨을 불어넣는 게 예술의 한 역할일 테니까요. 그리고 한 작품 한 작품을 좀 더 오래 들여다보도록 '틀린 그림 찾기'라는 재미있는 방법을 도입했습니다. 남녀노소 누구나 할 수 있는 이 쉬운 놀이는 최고의 두뇌 트레이닝 방법입니다. 틀린 부분을 찾으려 그림을 자세히 보는 동안 관찰력, 집중력, 기억력을 활발히 이용해야 하거든요.

우리가 가장 사랑하는 화가 이중섭의 작품 35점을 선정했습니다. 〈황소〉, 〈흰 소〉, 〈싸우는 소〉 등 전쟁의 소용돌이 속에서 아픔을 겪은 우리 민족과 이중섭 자신의 모습을 비추어 나타낸 소 그림을 비롯해서 그의 대표작으로 꼽히는 〈서귀포의 환상〉, 〈도원〉, 〈봄의 어린이〉, 〈달과 까마귀〉, 가족에게 보내는 절절한 사랑이 담긴 엽서 그림, 세상에 다시 없는 은종이 그림까지 이중섭의 작품들을 고루 실었습니다. 또한 그림 설명과 이중섭의 생애를 함께 실어 이중섭의 삶과 예술 세계를 함께 아우를 수 있도록 했습니다. 우리 시대의 신화가 된 천재, 연인 이중섭, 아빠 이중섭 그리고 누구보다 '정직한 화공'이었던 이중섭을 만나보세요.

원작은 왼쪽에, 틀린 그림은 오른쪽에 배치했으니, 두 그림을 오가며 틀린 부분들을 찾아보세요. 틀린 그림은 5개, 7개, 10개, 15개씩 숨어 있습니다. 어떤 것은 눈에 바로 띄기도 하고 어떤 것은 기상천외한 방법으로 숨겨져 있어, 모두 다 찾고 나면 뿌듯한 성취감마저 느껴질 것입니다.

'명화 속 틀린 그림 찾기'는 재미있는 놀이입니다. 한번 시작하면 멈추지 못하고 빠져버리는 흥미진진한 놀이입니다. 두뇌와 감성이 동시에 자극되는 유익한 놀이입니다. 예술의 힘이 발현되는 창조적인 놀이입니다. 메마른 일상의 더께를 걷어내 주는, 오늘날에 딱 맞는 놀이입니다.

차례

들어가는 글 2	동촌 유원지 / 이중섭 38
	성당 부근 / 이중섭 40
황소 / 이중섭 4	여자를 그리워하는 남자 소와 여인 / 이중섭 42
흰 소 / 이중섭 6	
서귀포의 환상 / 이중섭 8	반우반어 바닷가 / 이중섭 44
섶섬이 보이는 서귀포 풍경 / 이중섭 10	
물고기, 게와 노는 네 어린이 / 이중섭 12	나뭇잎을 따려는 여자 나뭇잎을 따주는 남자 / 이중섭 46
봄의 어린이 / 이중섭 14	닭과 게 물고기와 노는 세 어린이 / 이중섭 48
해와 아이들 / 이중섭 16	
충렬사 풍경 / 이중섭 18	다섯 어린이 두 아이와 물고기와 게 / 이중섭 50
초가가 있는 풍경 / 이중섭 20	
부부 / 이중섭 22	은종이 그림 / 이중섭 52
달과 까마귀 / 이중섭 24	신문 보는 사람들 / 이중섭 54
도원 / 이중섭 26	나무 위의 노란 새 / 이중섭 56
싸우는 소 / 이중섭 28	가족 / 이중섭 58
사계 / 이중섭 30	가족과 비둘기 / 이중섭 60
길 떠나는 가족 / 이중섭 32	돌아오지 않는 강 / 이중섭 62
판잣집 화실 / 이중섭 34	
아들에게 보낸 편지에 동봉한 그림 / 이중섭 36	틀린 그림들 64

황소
이중섭
1953년 무렵, 종이에 유채, 32.3×49.5cm

흰 소
이중섭
1954년 무렵, 나무판에 유채, 30×41.7cm

15

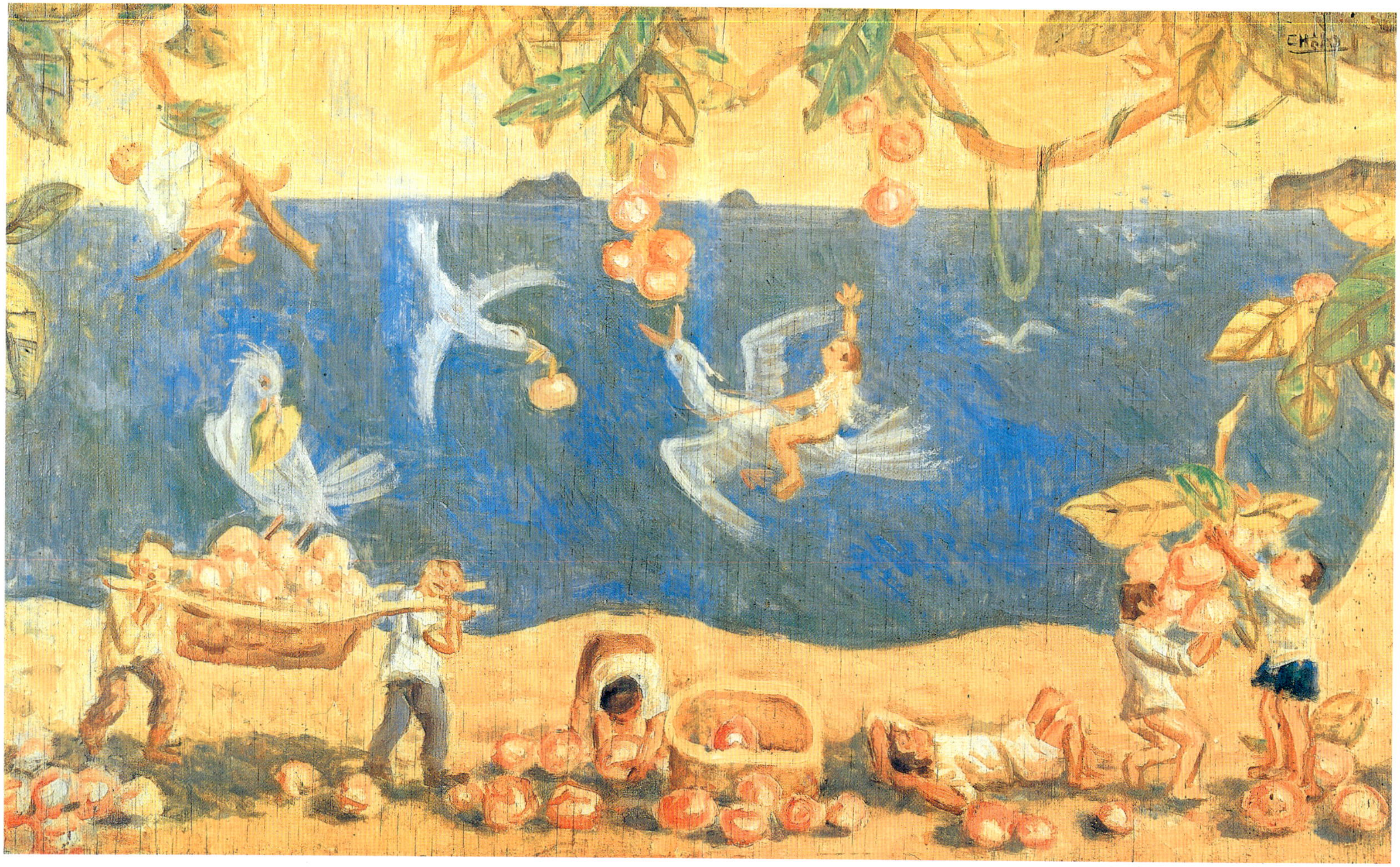

서귀포의 환상

이중섭
1951년, 나무판에 유채, 56×92cm

섶섬이 보이는 서귀포 풍경
이중섭
1951년, 나무판에 유채, 41×71cm

5

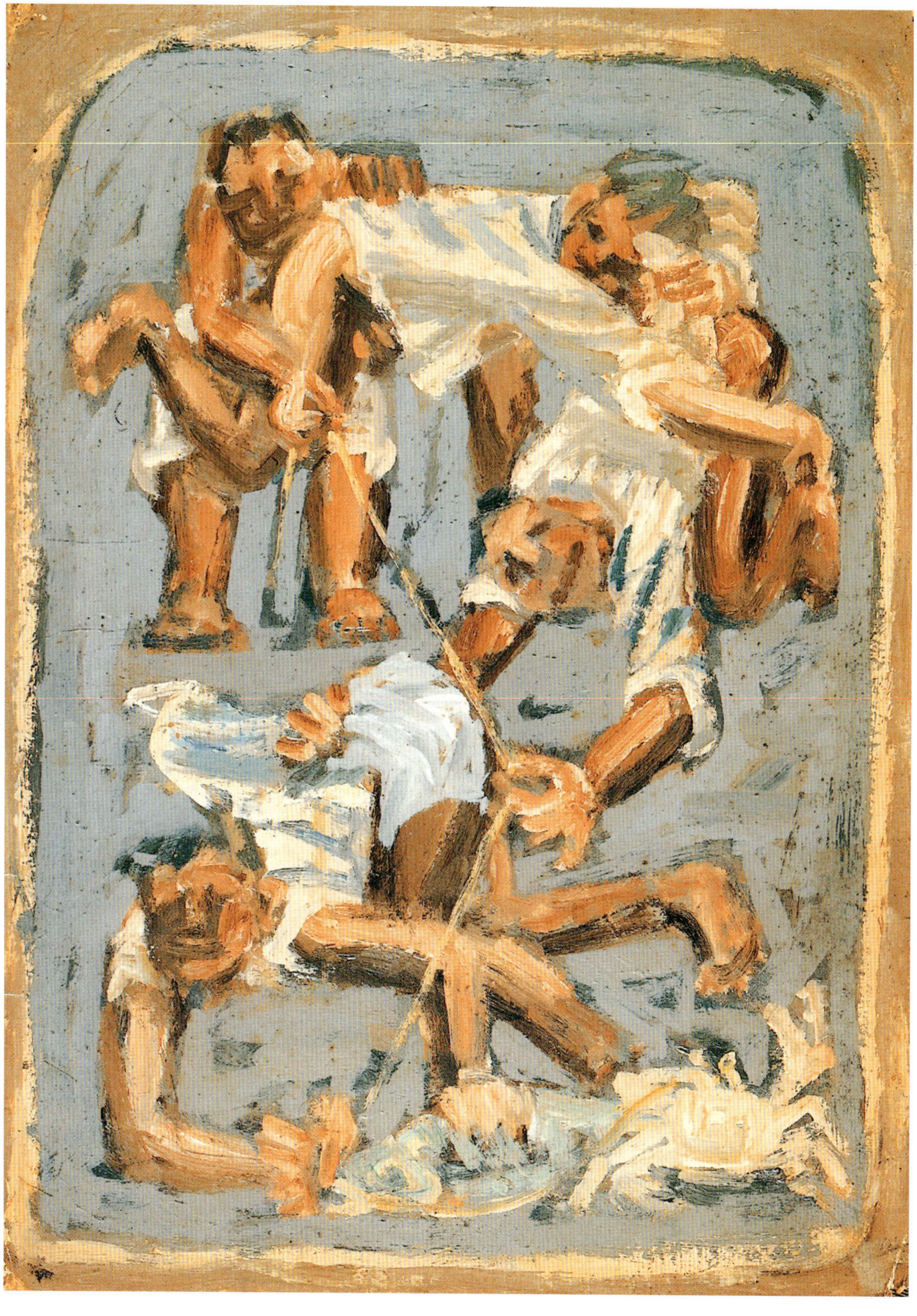

물고기, 게와 노는 네 어린이
이중섭
1951년 무렵, 종이에 유채, 36×27cm

봄의 어린이
이중섭
1952~1953년, 종이에 유채, 32.6×49cm

해와 아이들
이중섭
1952~1953년, 종이에 연필과 유채, 32.5×49cm

7

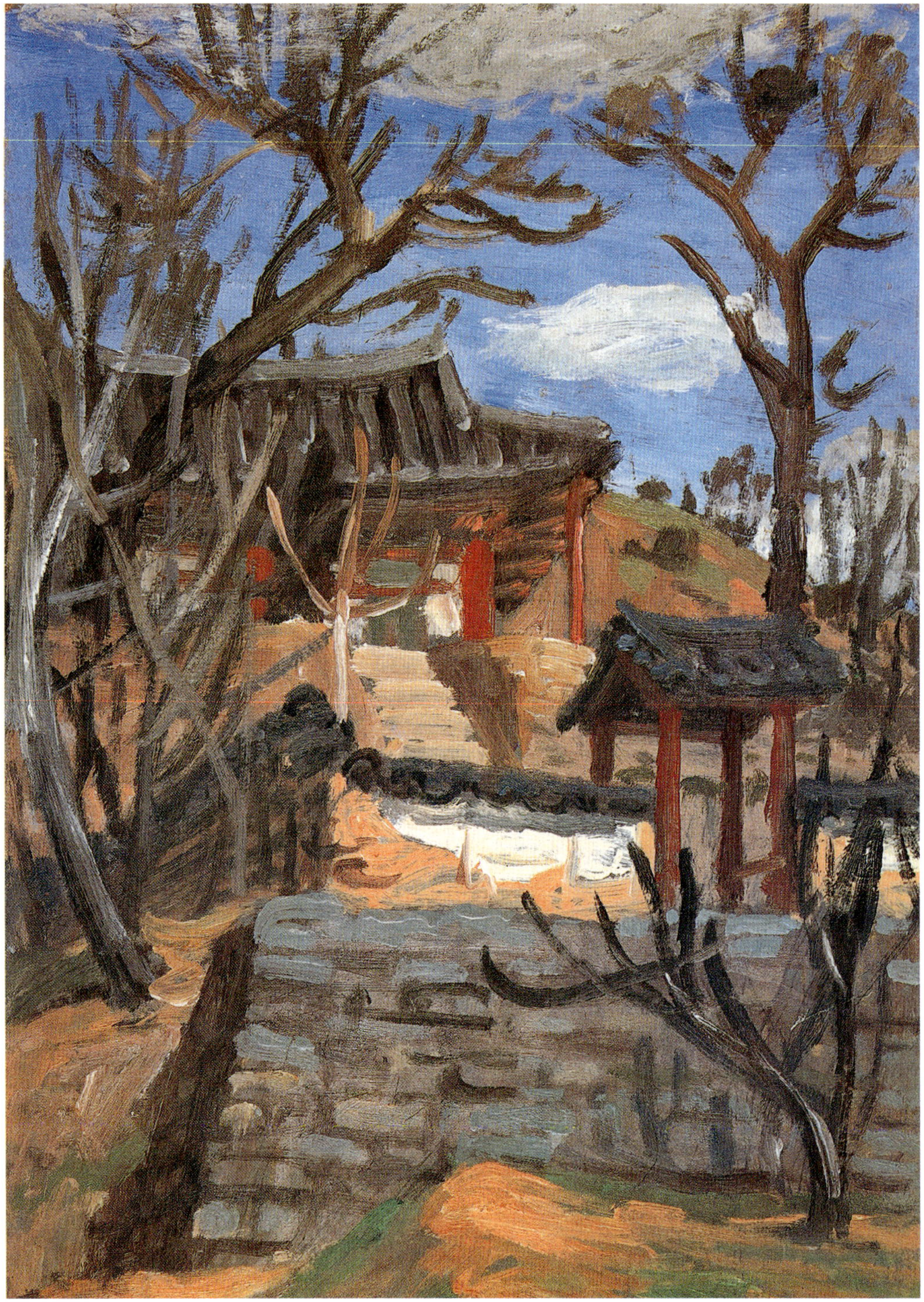

충렬사 풍경

이중섭
1954년, 종이에 유채, 41×29cm

5

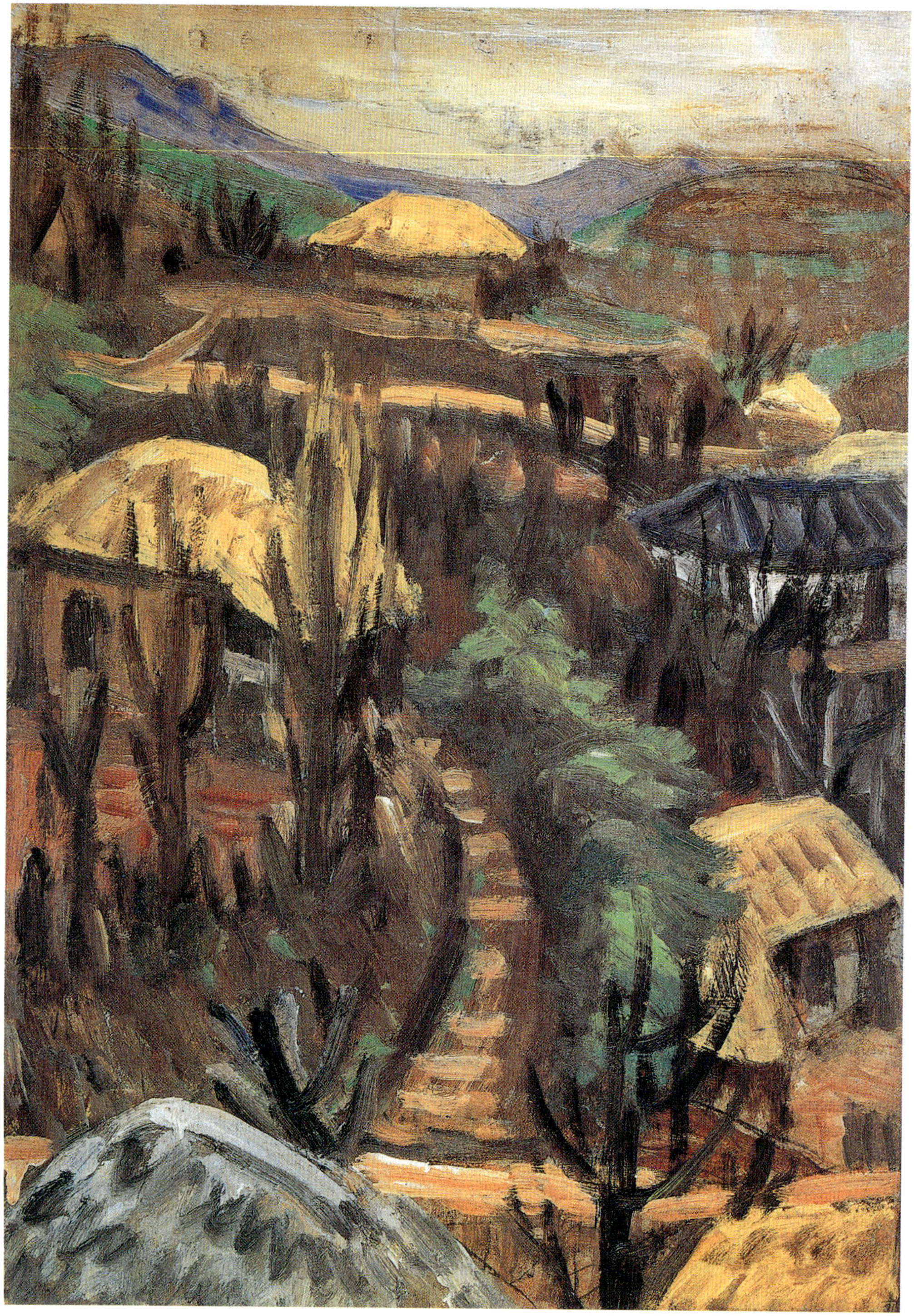

초가가 있는 풍경

이중섭

1954년, 종이에 유채, 41.5×29.5cm

5

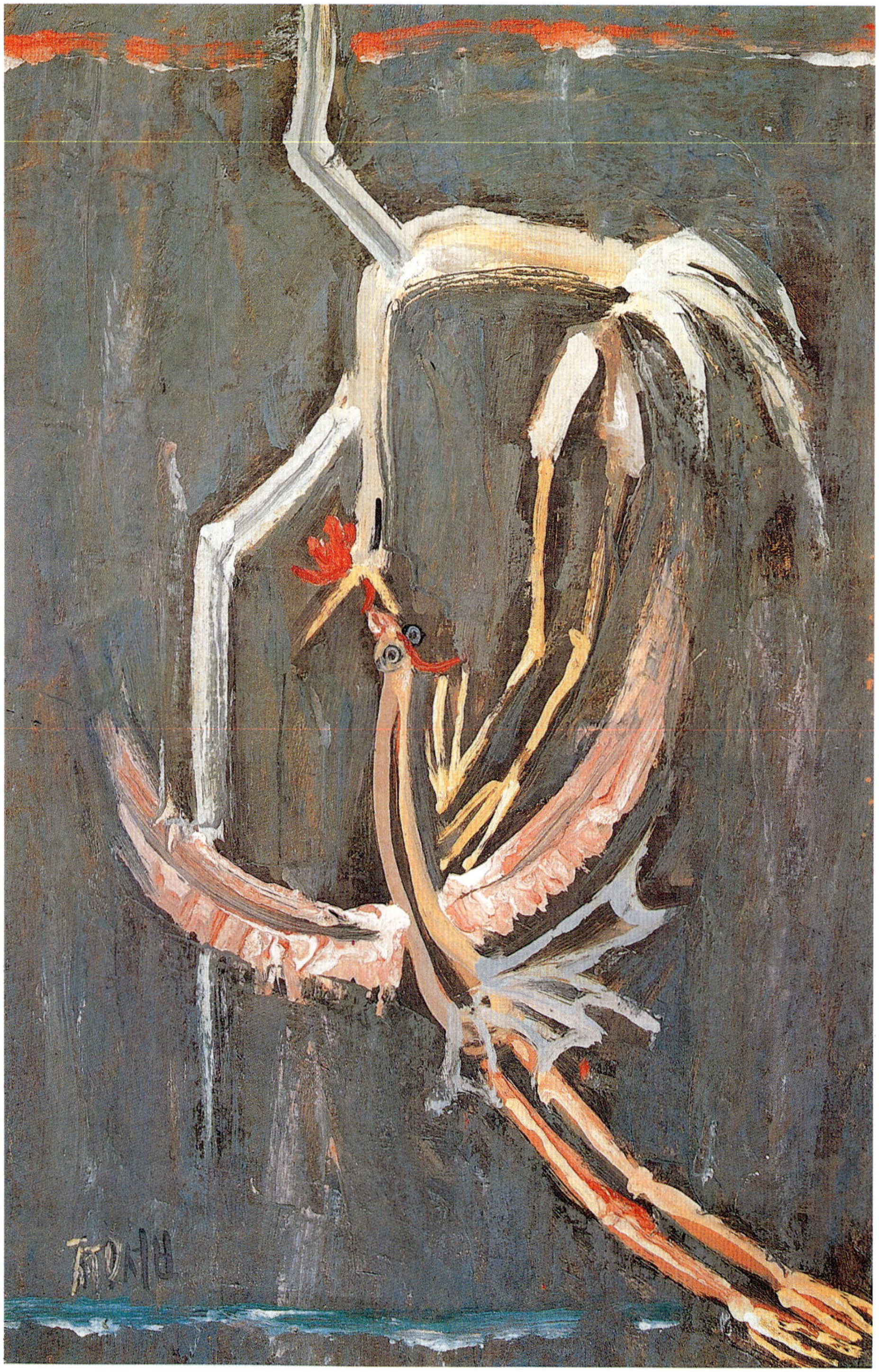

부부

이중섭

1954년, 종이에 유채, 51.5×35.5cm

달과 까마귀
이중섭
1954년, 종이에 유채, 29×41.5cm

7

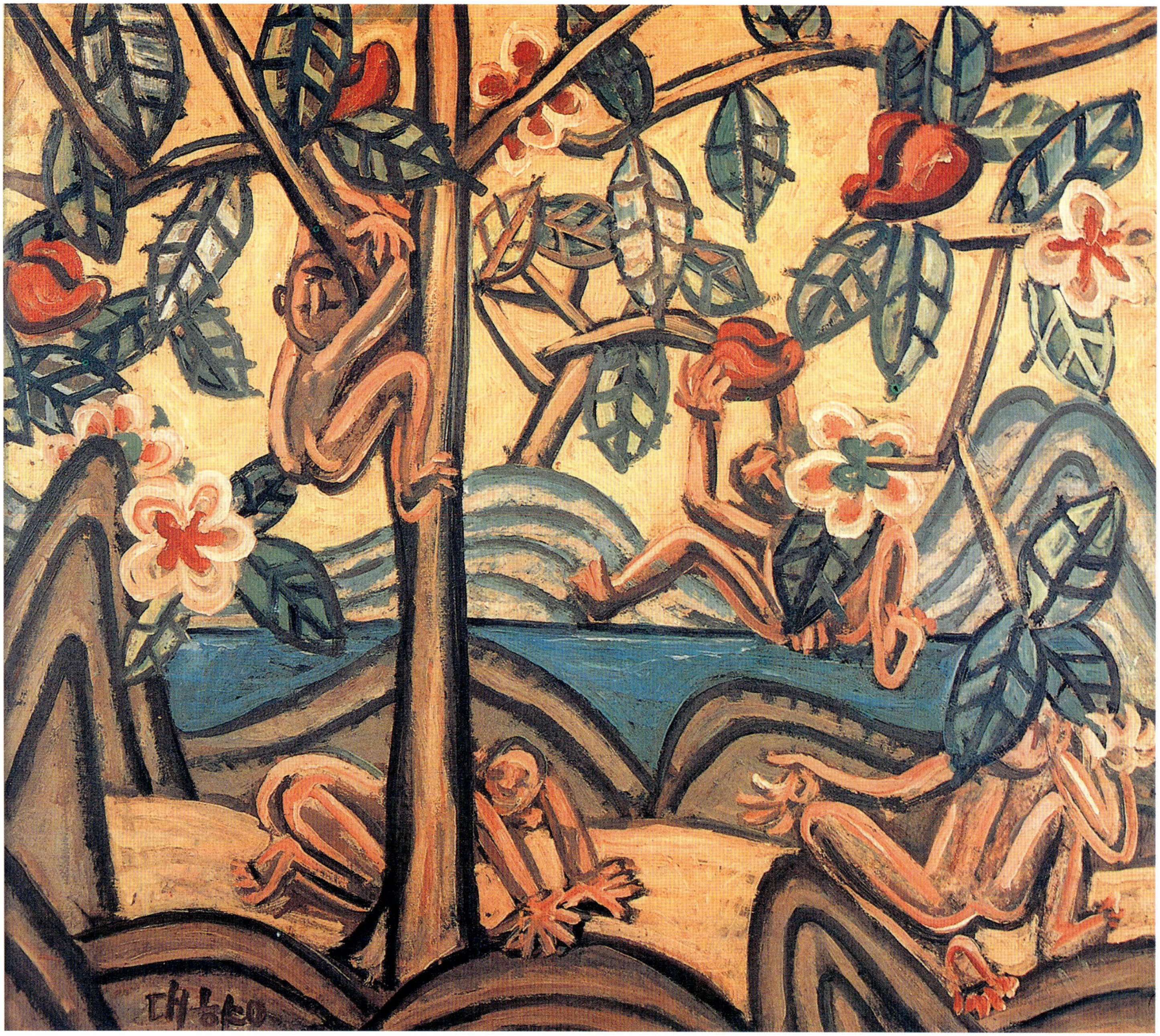

도원

이중섭

1954년, 종이에 유채, 65×76cm

27

싸우는 소
이중섭
1954년, 종이에 유채, 17×39cm

사계
이중섭
1954년, 종이에 유채, 26.5×36.5cm

길 떠나는 가족
이중섭
1954년, 종이에 유채, 29.5×64.5cm

10

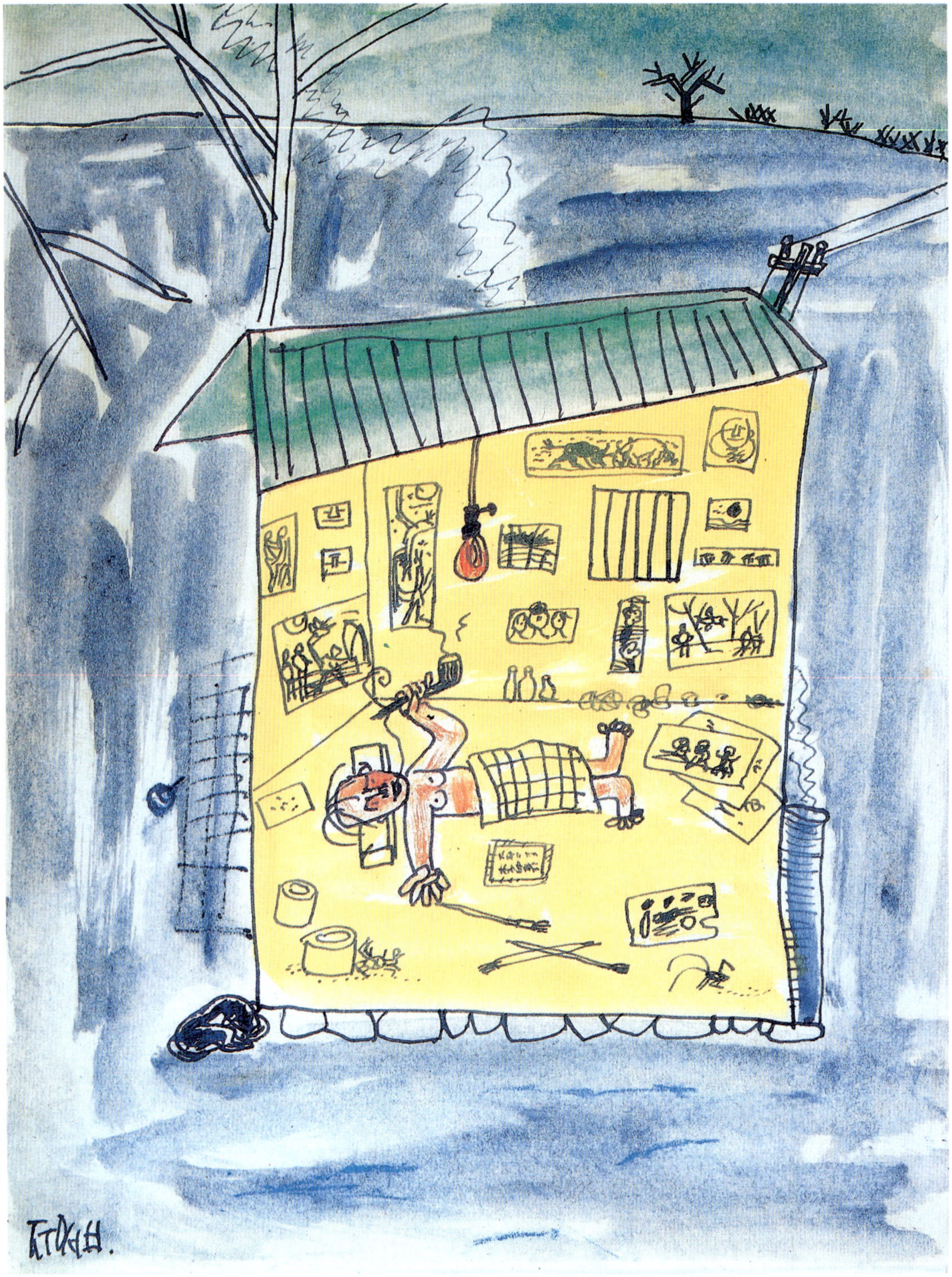

판잣집 화실

이중섭
1954년, 종이에 수채와 잉크, 26.8×20cm

10

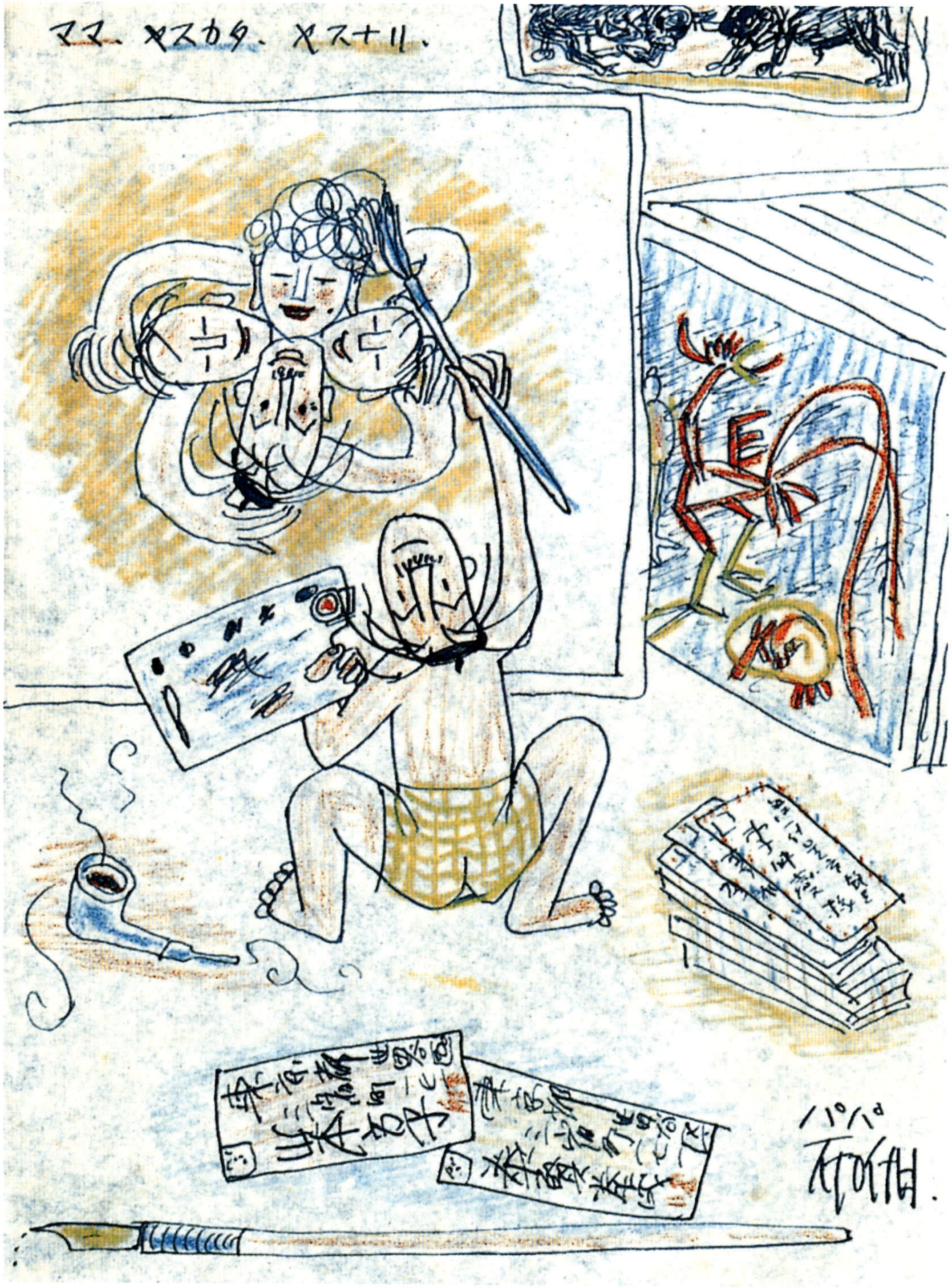

아들에게 보낸 편지에 동봉한 그림

이중섭

1954년, 종이에 잉크와 색연필, 26.3×20.3cm

동촌 유원지
이중섭
1955년 무렵, 종이에 유채, 19.2×26.5cm

성당 부근
이중섭
1955년, 종이에 유채, 34×46.5cm

여자를 그리워하는 남자
이중섭
1941년 9월, 종이에 수채와 잉크, 9×14cm

소와 여인
이중섭
1941년 5월 29일 자 소인, 종이에 먹지로 베껴 그리고 수채, 9×14cm

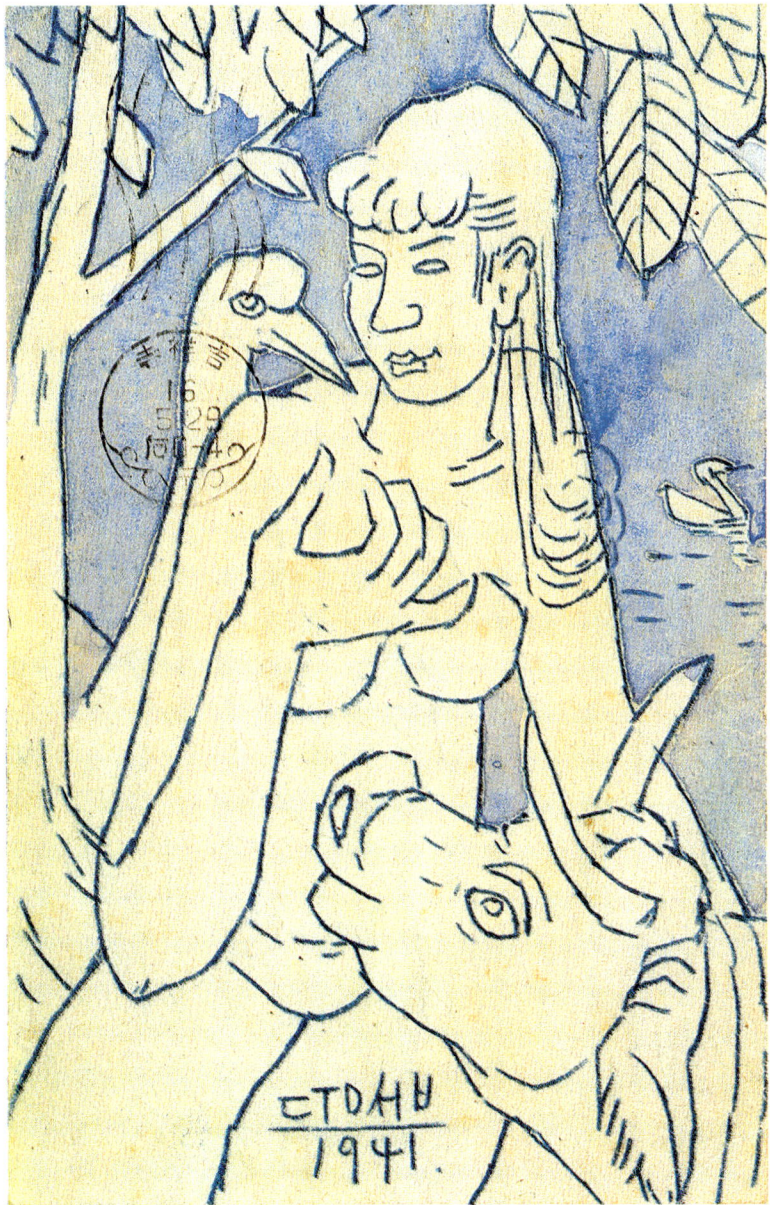

반우반어
이중섭
1940년 말, 종이에 먹지로 베껴 그리고 수채, 9×14cm

바닷가
이중섭
1941년, 종이에 먹지로 베껴 그리고 수채, 9×14cm

나뭇잎을 따려는 여자
이중섭
1941년 5월 15일, 종이에 수채와 잉크, 9×14cm

나뭇잎을 따주는 남자
이중섭
1941년 5월 16일, 종이에 수채와 잉크, 9×14cm

닭과 게
이중섭
1954년, 종이에 연필과 구아슈, 29×41cm

물고기와 노는 세 어린이
이중섭
1953년, 종이에 연필과 유채, 25×37cm

다섯 어린이
이중섭
1954년, 종이에 수채, 23.5×17.5cm

두 아이와 물고기와 게
이중섭
1954년, 종이에 먹과 수채, 53.5×26.5cm

은종이 그림
이중섭
은종이, 8.6×15cm

신문 보는 사람들
이중섭
1950~1952년, 은종이에 유채, 9.8×15cm, 뉴욕 현대미술관

5

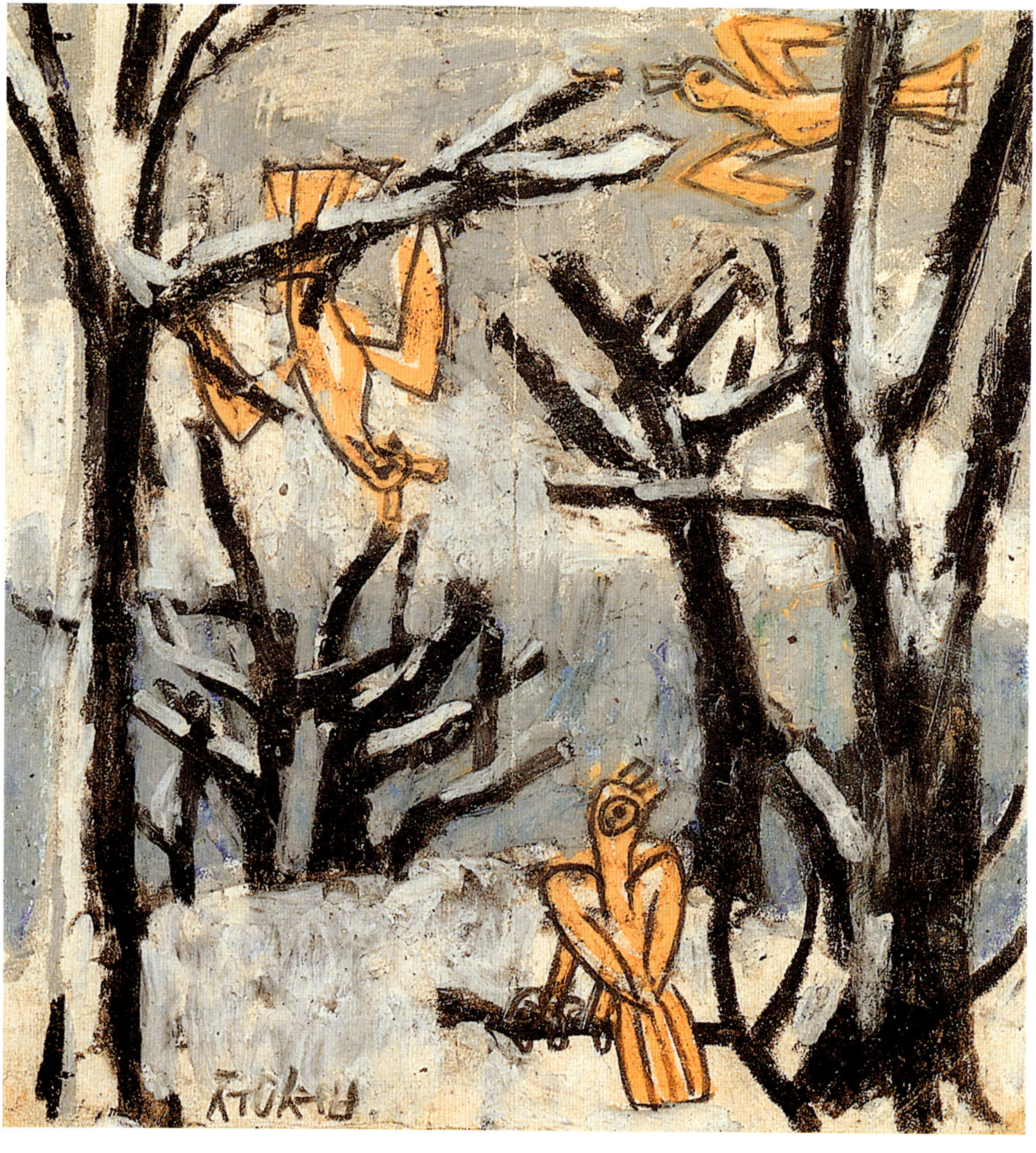

나무 위의 노란 새

이중섭

1956년, 종이에 크레파스와 유채, 14.7×15.5cm

5

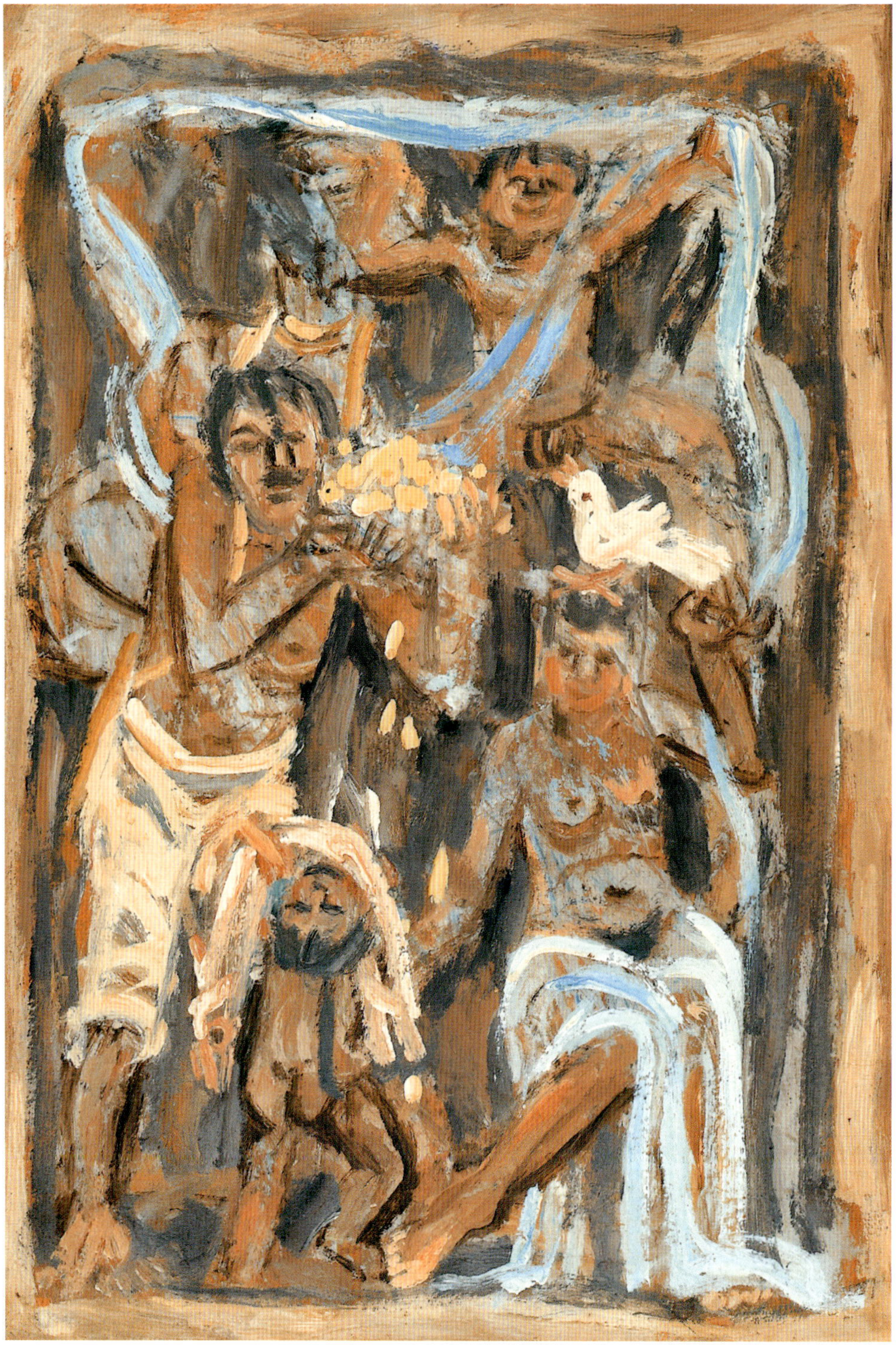

가족

이중섭
1954년, 종이에 유채, 41.6×28.9cm

가족과 비둘기
이중섭
1956년 무렵, 종이에 유채, 29×40.3cm

5

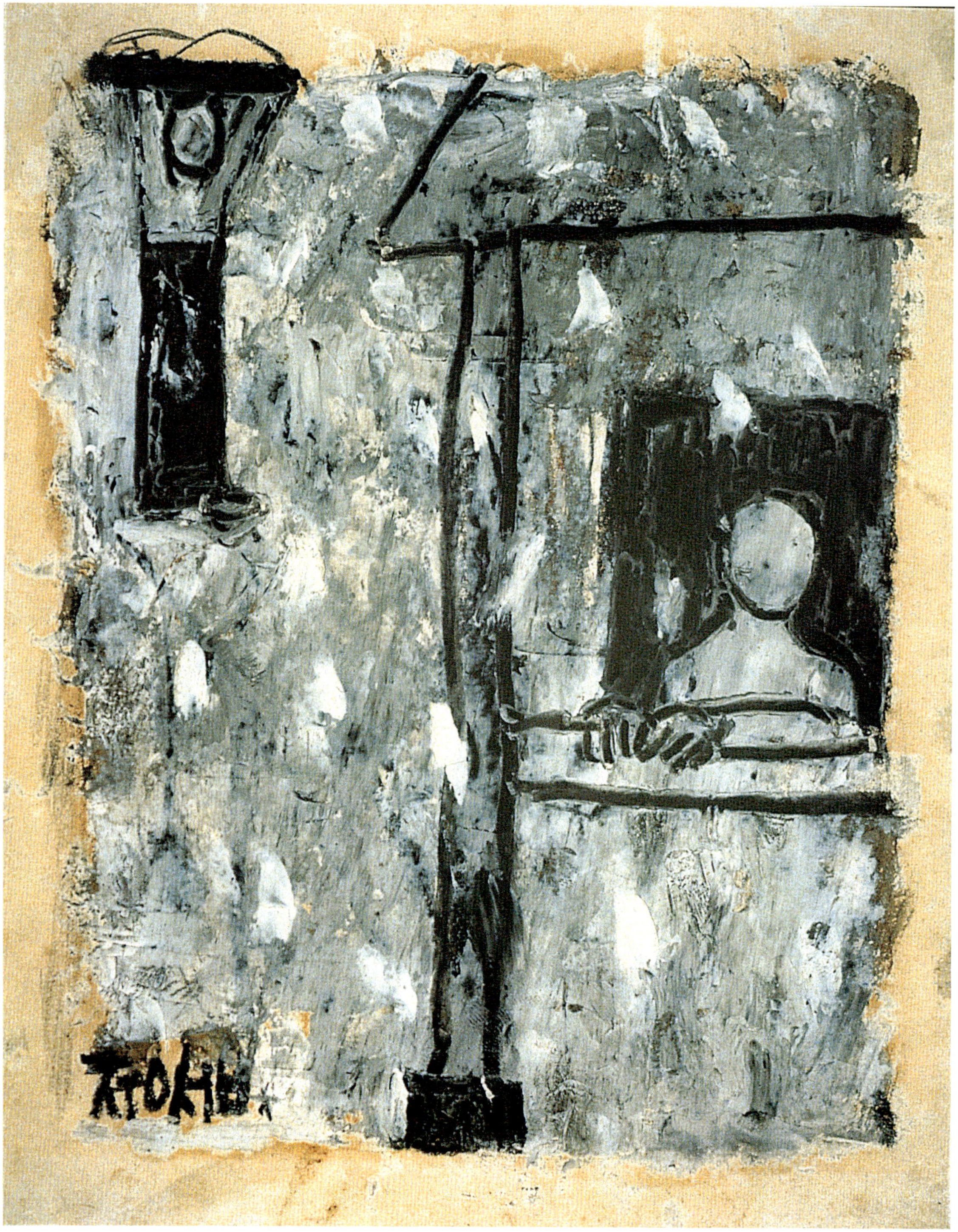

돌아오지 않는 강

이중섭
1956년, 종이에 연필과 유채, 20.2×16.4cm

틀린 그림들

5

1938년 무렵, 분카가쿠잉 재학 시절의 이중섭

황소
이중섭 李仲燮 (1916-1956년)
1953년 무렵, 종이에 유채, 32.3×49.5cm

소에 미친 화가, 대한민국이 가장 사랑하는 화가 이중섭(李仲燮, 1916~1956).

민족의 혼을 담아낸 민족 화가, 국민 화가라고도 불린다. 질곡의 현대사를 거친 그의 작품과 삶은 교과서에 수록되는 것은 물론 전시, 연극, 뮤지컬 등으로 변주되며 오늘날에도 끊임없이 되살아나고 있다. 이중섭은 불우한 인생을 살다 외로이 떠난 천재, 일제강점기에 일본인 여성과 가정을 꾸리고 일평생 가족을 절절히 사랑한 인물 등 그를 둘러싼 여러 이야기들로 하나의 신화가 되었다. 그러나 그는 무엇보다 자신을 '정직한 화공'이라 부른 정성스럽고 참된 화가였다.

이중섭은 소, 닭, 아이들, 가족, 새와 달 등 향토적이고 자신의 삶이 녹아 있는 소재를 즐겨 다루었다. 특히 소는 평생에 걸쳐 파고든 소재였는데, 하루 종일 소를 관찰하다가 소도둑으로 몰려 고발당하기도 했다. 〈황소〉의 타오르는 듯한 붉은색 배경을 뒤로 한 소의 모습은 소를 그린 작품 가운데서도 가장 널리 알려진 그림이다. 폭풍우처럼 몰아치던 시대의 소용돌이 속에서 전쟁의 참상, 이별의 아픔 등을 소의 얼굴에 담아낸 이 소의 초상은 압박받는 우리 민족의 자화상이자 이중섭 자신의 모습이기도 했다.

1955년 1월 서울 미도파화랑에서 개최한 개인전에서 선보인 〈흰 소〉는 〈황소〉와 더불어 수많은 소 그림 가운데 최고 걸작으로 평가된다. 넘치는 힘과 안정감이 동시에 담겨 있다. 작품 전체에 비슷한 색조가 사용되었음에도 흰 소가 금방이라도 화면 밖으로 뛰쳐나올 듯 뚜렷한데, 어두운 선 위에 밝은 선을 겹쳐 그려 입체감과 깊이감이 느껴진다.

이 작품에서는 고구려 벽화에서 볼 수 있는 표현 기법과 '분카가쿠잉의 루오Rouault'라고 불리던 이중섭 특유의 야수파적 화풍이 잘 드러난다. 이중섭의 예술 세계는 누가 보아도 그의 그림임을 알아볼 수 있는 구상적 형태와 단순하면서도 힘찬 선, 강렬하고 독특한 색조, 향토감과 신비로운 분위기 등을 특징으로 한다. 그의 유동하는 선조線條 감각은 고구려 벽화와 직결된다고 평가받는데, 어린 시절 그가 고구려 벽화 전시에 큰 감동을 받고 그림 그리기에 몰두했다는 이야기가 전해진다. 이는 그의 작품에 일평생 영향을 미쳤다.

흰 소
이중섭 李仲燮 (1916-1956년)
1954년 무렵, 나무판에 유채, 30×41.7cm

이중섭의 호는 대향大鄕으로 큰 고향, 큰 명예 등으로 풀이된다. 평안남도 평원군에서 삼 남매의 막내로 태어나 평양 종로보통학교, 오산고등보통학교를 졸업했다. 1935년 일본으로 건너가 데이코쿠(제국)미술학교, 분카가쿠잉(문화학원)을 다녔으며 1938년 평생지기인 시인 구상과 분카가쿠잉에 들어온 후배, 운명의 연인 야마모토 마사코山本方子를 만났다.

고국으로 돌아오기 전까지 이중섭은 일본 자유미술가협회 전람회, 조선신미술가협회 전시회 등 여러 전시에 출품해 수상하며 호평을 받았다. 그러나 그는 1943년 전쟁의 공포에 휩싸인 도쿄를 떠나 사랑하는 연인과 친구들을 두고 원산으로 돌아와야만 했다.

1945년 야마모토 마사코가 홀로 현해탄을 건너와 원산에서 결혼하고 두 아들 태현, 태성을 낳았다. 이중섭은 아내에게 '남쪽에서 온 덕이 많은 여자'라는 뜻의 이남덕李南德이라는 이름을 지어주었다. 광복을 맞은 뒤에는 조선예술동맹 산하 미술동맹 원산지부, 조선조형예술동맹에서 활동했고 신미술가협회를 결성해 회장을 지냈다.

1950년 6월 25일 한국전쟁이 발발했다. 이중섭은 가까운 친척집에 머물다가 12월 원산에 계신 어머니와 이별하고 아내와 두 아이, 조카 영진을 데리고 부산으로 피난했다. 이듬해 제주도 서귀포로 건너가 1년여를 보냈다.

서귀포의 환상
이중섭 李仲燮(1916-1956년)
1951년, 나무판에 유채, 56×92cm

부산을 떠나 서귀포에서 지낸 1년은 "제주도의 돼지 이상으로 무엇이건 먹고 버틸 각오"를 해야 했던 고통스러운 시기였다. 이중섭 가족은 서귀포의 한 이장 부부 집에 딸린 자그마한 곁방을 얻어 살았다. 피난민의 삶은 녹록하지 않았고 배급으로 나온 식량은 턱없이 부족했다. 고구마와 직접 딴 풀과 해초, 직접 잡은 게로 연명해야 했다. 그러나 서귀포는 가족과 함께 지낼 수 있는 터전이자 뭍과는 다른 섬의 풍광으로 새로운 영감을 제공해준 장소이기도 했다.

이 시기에 그린 〈서귀포의 환상〉은 바다와 육지의 풍경이 어우러지는 초현실적인 환상의 풍경이다. 감귤 따는 아이, 그것을 광주리에 담고 옮기는 아이, 바닥에 누워 쉬는 아이, 나뭇가지에 매달려 노는 아이 그리고 갈매기의 등을 타고 날아다니는 아이까지 모두 여덟 명의 아이가 그려져 있다. 그저 아름답기만 한 것이 아니라 피난민의 희망과 아픔이 남겨 있어 전쟁이 탄생시킨 걸작으로 평가받는다.

화면 오른쪽 위에 서명이 되어 있는데, 이중섭은 죽을 때까지 자신의 작품에 'ㄷㅐㅎㅑㅇ', 'ㅈㅜㅇㅅㅓㅂ' 등 풀어쓰기 한글로만 서명을 했다.

섶섬이 보이는 서귀포 풍경
이중섭李仲燮(1916-1956년)
1951년, 나무판에 유채, 41×71cm

이중섭은 거침없는 필체로 그려낸 작품이나 여러 가지 요소가 얽혀 있는 구상적인 작품과 더불어 여러 점의 풍경화를 남겼다. 서귀포 시대에 그려진 이 작품에서는 쓸쓸함과 그리움이 느껴진다. 화면 앞쪽에는 잎을 모두 떨군 앙상한 나무와 우듬지에만 잎이 남아 있는 나무 등 다양한 모양새의 나무들과 초가집 여러 채가 자리하고 있다. 화면 중앙으로 난 길을 따라 시선을 옮기면 바다를 향하여 뻗어 있는 언덕에 집 한 채가 외따로 서 있고, 저 바다 건너에는 사람이 살지 않는 작은 무인도인 섶섬이 떠 있다.

1951년 12월 이중섭 가족은 서귀포에서 다시 부산으로 옮겨왔다. 아내와 두 아들은 피난민 수용소 내의 일본인 구역에서 지내도록 하고 이중섭은 미군 부대에서 품을 팔아 범일동 산기슭에 판잣집을 얻었다. 1952년 종군화가미술전, 대한미술협회전 등에 출품했고 12월에 박고석, 한묵 등과 기조동인을 결성하고 르네상스 다방에서 제1회 기조전을 개최했다. 같은 해 7월, 건강이 악화된 아내와 두 아들을 일본으로 떠나보냈다. 이때부터 가족에게 보내는 그림 편지를 그리기 시작했다.

5

이중섭은 아이를 소재로 삼은 작품을 유독 많이 그렸는데 여기에는 태어난 지 얼마 되지 않아 세상을 떠난 첫아들과 일본으로 떠나보낸 뒤 줄곧 떨어져 지내야 했던 두 아이를 그리워하는 마음이 담겨 있다. 아이들을 소재로 한 그림 가운데 대표적인 것이 물고기, 게와 어울려 노는 작품들인데 저마다 다른 요소와 구성을 갖추고 있다.

이 작품에는 화면 오른쪽 아래에 물고기와 게가 배치되어 있고 익살스러운 자세로 어울려 노는 네 명의 아이들이 화면을 가득 메우고 있다. 아이들은 저마다 앞사람의 몸이나 옷자락을 붙들고 새 을乙 자 모양으로 이어져 있다. 이들을 하나로 연결해주는 또 다른 요소가 바로 기다란 끈이다. 이중섭은 끈을 활용한 구성을 즐겨 사용했는데, 이는 서로를 묶어주는 것으로 가족 사이의 유대와 희망의 끈을 상징한다. 작품 속 끈의 양 끝은 맨 뒤에 있는 아이와 맨 앞에 있는 아이가 잡고 있으며, 남은 부분이 물고기와 게가 있는 곳까지 이어져 있다. 또 앞에서 두 번째 자리에 있는 아이가 중간에서 끈을 잡아당기고 있어 단조로움을 덜고 재미를 더한다.

물고기, 게와 노는 네 어린이
이중섭李仲燮(1916-1956년)
1951년 무렵, 종이에 유채, 36×27cm

봄의 어린이
이중섭李仲燮(1916-1956년)
1952~1953년, 종이에 유채, 32.6×49cm

이중섭 특유의 생동감 넘치는 구성과 색감, 분위기가 잘 드러나는 작품이다. 가족과 헤어진 뒤 부산에서 지내던 시기에 그린 작품으로 추정된다.

푸르른 하늘과 녹색 산봉우리, 화면 끝에 떠오르는 태양을 배경으로 다섯 아이와 민들레, 복숭아꽃, 나비, 개미가 어울려 놀고 있다. 전체적으로 푸른 빛깔이 바탕을 이루며 꽃과 나비, 아이들의 몸까지 곳곳에 칠해진 노란빛이 작품 제목처럼 생동하는 봄의 기운을 내뿜고 있다. 이중섭의 작품 속 인물, 특히 아이들은 대부분 벌거벗은 모습으로 등장하는데 인간 본연의 순수한 마음을 표현한 것으로 해석된다.

한편 화면 전체에 질감을 더하는 수평으로 오간 붓질 자국은 조선시대에 만들어진 분청사기에서 볼 수 있는 귀얄기법을 떠올리게 한다. 이는 넓은 붓으로 백토를 발라 자기 표면에 붓 자국을 남기는 기법이다.

해와 아이들
이중섭 李仲燮 (1916-1956년)
1952~1953년, 종이에
연필과 유채, 32.5×49cm

〈봄의 어린이〉와 비슷한 시기에 제작된 작품으로 보인다. 화면 위쪽의 커다란 태양이 인자한 미소를 지으며 아이들을 어루만져 줄 따스한 온기를 퍼뜨리는 듯하다. 다섯 아이들은 태양을 떠받치기도 하고, 어딘가를 가리키기도 하고, 서로 팔과 다리를 안은 채 어울리기도 하고 벌러덩 누워 생각에 잠기기도 하며 자유롭게 공중을 떠다니고 있다. 아이들 사이사이에는 기다란 잎을 펼친 꽃이 활짝 피어 있다. 태양과 아이들과 꽃, 즉 작품에 등장하는 모든 존재는 같은 색감을 조금씩 나누어 가지고 있는데 이처럼 이중섭의 작품에는 삼라만상이 하나로 어우러지는 표현이 많이 나타난다.

1953년 여름, 아내 남덕이 이중섭의 오산고보 후배인 해운공사 승무원 마 씨에게 일본 서적을 외상으로 보내고 이익의 일부를 이중섭에게 주기로 했으나 사기를 당해 큰 손해를 입었다. 7월 말 이중섭은 오래 애쓴 끝에 선원증을 구해서 가족을 만나러 일본으로 갔으나 일주일 만에 홀로 돌아와야 했다. 이것이 가족과의 마지막 만남이었다. 혼자 남은 그는 이후 통영, 마산, 진주, 대구와 서울 등지에서 작품을 그리며 가족과 다시 만날 날을 몹시 기다렸지만 이 바람은 영영 이루어지지 못했다.

1953년 11월부터 1954년 5월까지 이중섭은 통영 나전칠기 기술원 양성소의 교육 책임자인 유강렬의 호의로 통영에서 생활하게 되었다. 작품 제작에 몰두할 수 있었던 이 시기에 〈노을 앞에서 울부짖는 소〉, 〈흰 소〉, 〈달과 까마귀〉 등 여러 걸작이 탄생했다. 1953년 12월 통영 성림다방에서 개인전을 개최했다.

"나에게 현재 가장 중요한 일은 당신들 곁에서 일사불란하게 제작하는 그 일뿐이오. 다른 것은 아무것도 생각지 않소. 당신들 곁이라면 하루 종일 노동하고 밤에 한두 시간만 제작할 수 있어도 충분하오. (…) 괴로운 가운데서도 제작욕이 왕창 솟아 작품이 산더미처럼 쌓이고 자신이 넘치고 넘치는 아고리(일본에서 얻은 별명으로 턱(아고ぁご)이 긴 이 씨라는 뜻)를 생각하면, 멋들어진 남덕 군을 오직 하나의 현처로 삼아 행복하게 하는 것쯤 문제도 안 되오."

1954년 1월 이중섭이 아내에게 보낸 편지다. 이중섭은 일본에 있는 가족들 곁으로 가서 그림을 그리며 살아가는 삶을 꿈꾸었고 그것을 자신의 작품으로, 화가의 힘으로 이루어내고자 했다. 통영에서 온 힘을 다해 작품을 그리던 시기에 이중섭은 사실적인 표현이 돋보이는 풍경화를 여러 점 남겼는데 그중 하나가 통영의 충렬사를 그린 것으로 알려진 〈충렬사 풍경〉이다.

충렬사 풍경
이중섭李仲燮(1916-1956년)
1954년, 종이에 유채, 41×29cm

"아고리의 생명이오, 오직 하나의 기쁨인 남덕 군, 어서어서 건강을 되찾아서 우리 네 가족의 아름다운 생활을 시작하기 위해 용감하게 행동하고 최선을 다해주기 바라오. 약간 무리가 있더라도 상관이 없으니, 우리의 새로운 생활을 위해서만 들소처럼 억세게 전진, 전진 또 전진합시다. 다른 것은 모두 무로 끝날 뿐이오. 발레리의 시 한 구절처럼 '지금이야말로 굳세게 강하게 살아가지 않으면 안 될 때요.' 표현이 서툴러 읽기 어렵겠지만, 나의 남덕 군만은 아고리가 피투성이가 되어 부르짖는 이 마음의 소리를 진심으로 들어주겠지요. 도쿄에 가면 열심히 제작을 하려고 지금 쉬지 않고 그림을 그리고 있다오."

이중섭은 그리움과 괴로움을 견디며 들소처럼 굳세고 성실하게 나아갔다. 겨울이 끝나가는 통영 풍경을 묘사한 이 작품에는 우리나라 향촌의 풍광이 흙빛과 풀빛이 주를 이루는 색조로 평화롭게 담겨 있다.

초가가 있는 풍경
이중섭 李仲燮 (1916-1956년)
1954년, 종이에 유채, 41.5×29.5cm

5

"어떠한 부부가 서로 사랑한다고 해도, 어떠한 젊은 사람들이 서로 사랑한다고 하더라도, 현재 내가 당신을 사랑하고 소중하게 여기고 있는 열렬한 애정만 한 애정이 또 없을 것이오. 일찍이 역사상에 나타나 있는 애정 전부를 합치더라도 대향과 남덕이 서로 열렬하게 사랑하는 참된 애정과는 비교가 되지 않을 게요. 그것은 확실하오. 당신의 멋지고 훌륭한 인간성이 대향의 사랑을 샘처럼 솟게 하고, 화산처럼 뿜어 오르게 하고, 바다처럼 파도치게 하는 것이오."

이중섭은 닭, 까마귀, 갈매기 등 다양한 종류의 새를 그렸다. 이 작품은 닭을 소재로 한 작품 가운데서도 가장 탁월한 작품으로 평가받는다. 아내와의 애틋한 사랑을 표현했다거나 남북으로 갈라진 민족의 화합을 기원하는 마음이 담겼다는 등 다양한 해석이 존재한다. 단순한 모습으로 형상화된 두 마리 새의 움직임과 우아한 형상은 고구려 고분벽화의 주작과도 닮아 있다.

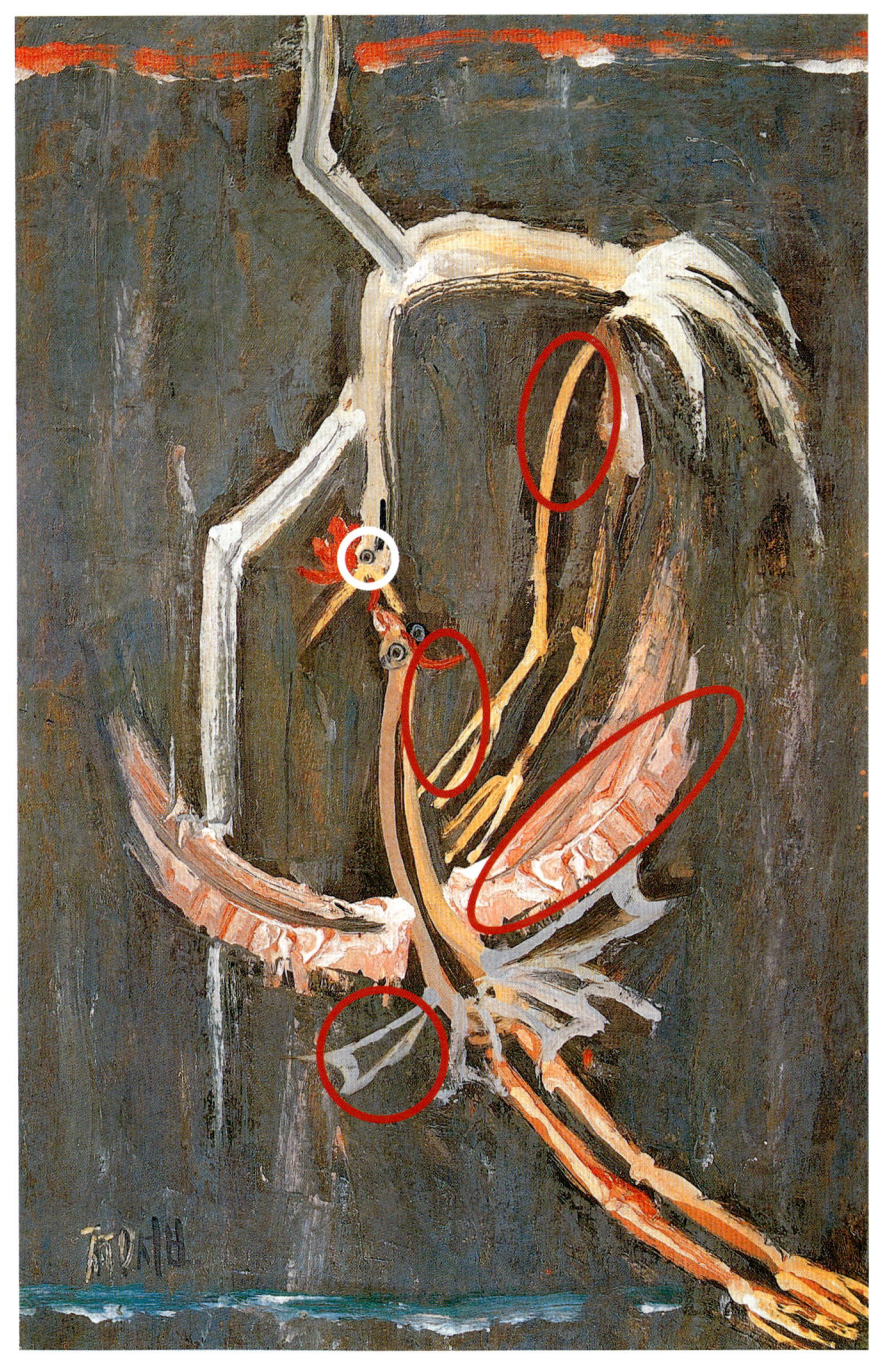

부부
이중섭李仲燮(1916-1956년)
1954년, 종이에 유채, 51.5×35.5cm

달과 까마귀
이중섭 李仲燮 (1916-1956년)
1954년, 종이에 유채, 29×41.5cm

통영에서 제작한 이 작품은 이중섭의 대표작 가운데 하나로 꼽힌다. 양면화로 뒷면은 〈통영의 물고기와 아이〉다.
검푸른 하늘에 커다란 노란색 보름달이 떠 있고 화면을 가로지르는 전선 세 가닥과 다양한 모습을 한 까마귀 다섯 마리가 간결한 필치로 그려져 있다. 그중 네 마리는 어둠 속에 있고, 한 마리는 달빛을 배경으로 나머지 네 마리를 향해 날아가고 있다. 까마귀는 고대의 국가 상징이기도 하고 부모에 대한 효성을 뜻하기도 하며, 흉조로도 여겨지는 등 다양한 상징을 품고 있다.

까마귀를 소재로 한 이 작품에도 여러 가지 해석이 따라다닌다. 다섯 까마귀가 1955년을 맞이하는 연말연시를 상징한다는 설, 칠석이 되면 견우와 직녀를 위해 까마귀와 까치가 오작교烏鵲橋를 놓아준다는 전설을 상징하는 것으로 일본에 있는 아내를 향한 그리움을 표현한 것이라는 설 등이다.

아내 야마모토 마사코와 두 아들

도원
이중섭 李仲燮(1916-1956년)
1954년, 종이에 유채, 65×76cm

통영 시절의 걸작 〈도원〉은 수평으로 흐르는 율동감과 수직으로 솟은 나무 등이 화면을 조화롭게 메우고 있다. 아래쪽으로는 대지와 산봉우리가 굽이치며 꿈틀대고, 위쪽으로는 복숭아와 복사꽃이 잔뜩 매달린 풍성한 나뭇가지가 가득하다. 땅과 바다와 하늘, 꽃과 열매가 가득한 세상에 아이 넷이 자연과 하나가 되어 녹아들어 있다. 인간과 자연이 하나라는 범신론적 세계관이 잘 드러나는 작품이다.

어쩌면 이 풍경은 엄마와 아빠는 나무 줄기와 뿌리가 되어 아이들을 키워내고 아이들은 나무에 매달려 재잘거리는 풍경일지도 모른다. 화가 이중섭의 짧은 생애에서 이렇게 행복하고 평화로운 일상은 며칠 주어지지 않았다. 이중섭의 도원 桃園은 이 세상에 없는 이상향, 도원桃源이었다.

1954년 4월까지 이중섭은 통영과 마산의 단체전에 참가하며 활발한 작품 활동을 이어나갔고 5월에는 화가 박생광의 초대로 진주에 머물며 개인전을 열었다. 6월에는 1950년 부산으로 내려온 이후 제주, 통영, 마산, 진주 등 남쪽에서 머물던 생활을 정리하고 서울로 향했다. 종로구 누상동에 있는 소설가 김이석의 집에서 지내며 경복궁미술관에서 6월 25일부터 열린 제6회 대한미술협회 전람회에 〈달과 까마귀〉 외 2점을 출품해 "이번 미협전 최고 수준인 동시에 수확"이라는 호평을 받았다.

이중섭은 빚을 갚고 일본에 있는 가족을 만나러 가기 위해 개인전을 계획했다. 7월에 원산 선배인 정치열이 제공한 종로구 누상동 집으로 이사해 작품 준비에 몰두했고, 11월 마포구 신수동의 동갑내기 이종사촌 형 이광석의 옆집으로 옮겨 전시 마무리에 온 힘을 쏟았다.

싸우는 소
이중섭李仲燮(1916-1956년)
1954년, 종이에 유채, 17×39cm

일렁이는 붉은색을 배경으로 청색 소와 황색 소가 서로 뿔을 맞대며 싸우고 있다. 망설임 없이 굵게 내달리는 선으로 화폭 가득 그려낸 두 소의 옆모습이 시선을 단번에 사로잡는다. 1954년 서울에서 지내던 때 그린 작품이다. 혹자는 붉은색 배경을 한국 전쟁의 비극적 현실을 암시하는 하늘로 보고, 두 소의 대결이 남북의 동족상잔 혹은 이중섭 자신과 현실의 투쟁을 반영한 것으로 해석했다.

분명한 것은 화가 이중섭이 자신에게서 소의 모습을 보고, 또 소에게서 자신의 모습을 보았다는 것이다. 이 시기 이중섭은 그가 편지에 쓴 것처럼 "어떤 고난에도 굴하지 않고 소처럼 무거운 걸음을 옮기면서 안간힘을 다해 제작을 계속"했다.

1951년 봄, 피난지이던 제주도 서귀포 이중섭의 방에는 그가 지은 〈소의 말〉이라는 시가 붙어 있었다.

"높고 뚜렷하고 / 참된 숨결 // 나려나려 이제 여기에 / 고웁게 나려 // 두북두북 쌓이고 / 철철 넘치소서 // 삶은 외롭고 / 서글프고 그리운 것 // 아름답도다 여기에 / 맑게 두 눈 열고 // 가슴 환히 / 헤치다"

사계
이중섭李仲燮(1916-1956년)
1954년, 종이에 유채, 26.5×36.5cm

사계
이중섭李仲燮(1916-1956년)
1955년, 종이에 연필과 유채,
19.8×20.3cm

화폭을 네 부분으로 나누어 봄, 여름, 가을, 겨울의 사계절을 추상적으로 표현한 작품이다. 테두리를 뚜렷하게 그리지 않고 부드럽게 풀어내는 기법이 사용되었다.

이중섭이 사계절을 담아낸 작품이 하나 더 있다. 그는 1955년 서울과 대구에서 개인전을 열었는데, 서울 전시를 마치고 대구 전시를 준비하던 시기에 여러 걸작이 탄생했다. 그중 한 작품이 사계절을 조금 더 구체적인 형상으로 표현한 〈사계〉다. 커다란 나비가 바다 위를 날아가는 봄, 연꽃을 든 아이가 비를 맞고 있는 여름, 보름달과 나무 열매 그리고 낙엽이 그려진 가을, 눈 내린 언덕 위의 나무로 표현한 겨울이 한 화폭에 담겼다.

5

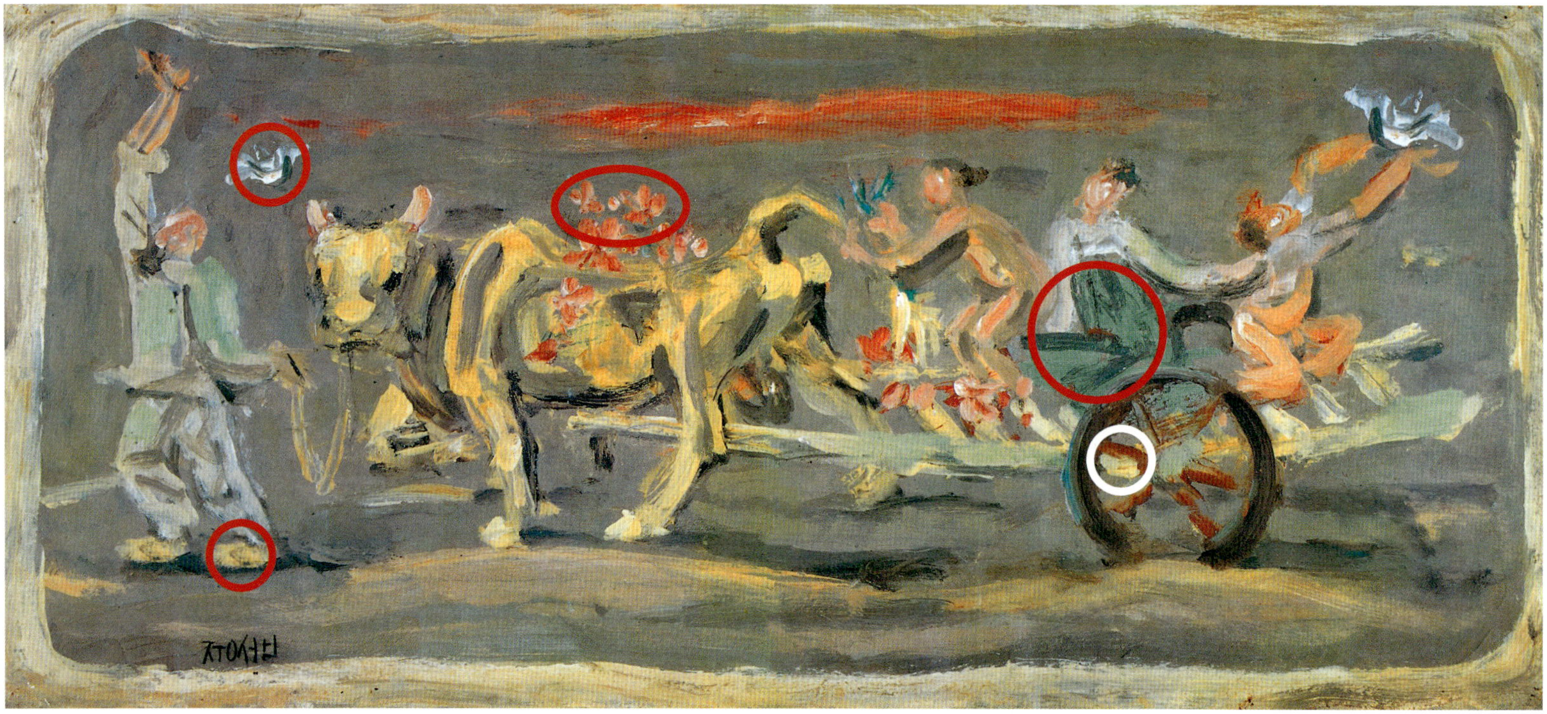

길 떠나는 가족
이중섭李仲燮(1916-1956년)
1954년, 종이에 유채, 29.5×64.5cm

……やすかたくん……
わたくしのやすかたくん。げんきでせうね。がっこうのおともだちも
みなげんきですか。パパげんきで てんらんかいの じゅんびを
しています。 パパが きよう……『まま、やすなりくん、やすかたくん、
が うしくるまにのって……パパは まえのほうで うしくんを
ひっぱって… あたたかい みなみのほうへ いっしょに ゆくさをか
きました。 うしくんの うへは くもです。』 ではげんきでね。
ーパパ

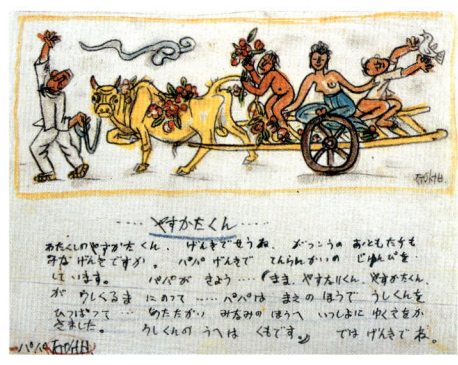

길 떠나는 가족이 그려진 편지
이중섭李仲燮(1916-1956년)
1954년, 종이에 연필과 유채, 10.5×25.7cm

"태현에게
나의 태현아 건강하겠지, 너의 친구들도 모두 건강하니? 아빠도 건강하다. 아빠는 전람회 준비에 몰두하고 있다. 아빠가 엄마, 태성이, 태현이를 소달구지에 태우고 아빠가 앞에서 황소를 끌고 따뜻한 남쪽 나라로 함께 가는 그림을 그렸다. 그만 몸 성해라. - 아빠"
한국전쟁이 일어나 가족 모두가 남쪽으로 피난 가던 모습을 담았다. 큰아들 태현에게 보낸 편지에 구도가 같은 그림이 그려져 있는데 가족 모두가 잔잔한 미소를 띤 채 즐거운 나들이를 떠나는 듯한 모습이다. 이중섭은 맨 앞에서 소달구지에 태운 가족을 이끌고, 아내는 꽃으로 소를 장식하고 손에 새를 앉혀가며 놀고 있는 아이들을 보살핀다. 고통스러운 길일지라도 가족과 함께였기에 아름다울 수 있었다.

"내일부터는 혼자서 서울에선 최초의 소품전을 위한 제작에 들어가오. 그립고 가장 사랑하는 남덕 군, 진심을 다해서 한없는 응원을 부탁하오."

1954년 7월 13일, 이중섭은 아내에게 정치열이 빌려준 방으로 이사한다는 소식과 함께 서울에서 전시회를 열 것이라는 계획을 밝힌다. 이 작품은 같은 해 11월 마포구 신수동으로 옮겨 가 전시회 준비 마무리에 여념이 없던 시기에 그린 그림이다. 좁은 방 안이 온통 작품으로 가득하다. 정면으로 보이는 벽에 새 두 마리가 위아래로 배치된 〈부부〉와 두 마리 소가 뿔을 맞댄 〈싸우는 소〉가 걸려 있다. 한참 작품을 그리다가 잠시 파이프를 태우며 쉬는 중인지 바닥에 팔레트와 붓이 나뒹굴고 있다. 이중섭은 판잣집 화실에 홀로 누워 어떤 꿈을 꾸었을까?

쓸쓸해 보이지만 개인전에서 선보일 작품을 그리며 그는 자신에 차 있었다. "조국의 여러분이 즐기고 기뻐해줄 훌륭한 작품"을 그려서 "올바르고 아름다운, 참으로 새로운 표현을 하기 위하여" 해야만 하는 일이었다. 그는 "참으로 새로운 표현을, 더없는 대표현을" 계속하며 이렇게 다짐했다. "올바르게 완성하지 않아서는 안 될 새로운 시대의 회화를 짊어지고 최장거리 마라톤(달리지 않고)을 끈기 있게 충실히 걷고 또 걸어 기어코 완성시키고야 말 작정이오."

판잣집 화실
이중섭 李仲燮 (1916-1956년)
1954년, 종이에 수채와 잉크, 26.8×20cm

"언제나 보고픈 내 아들, 아빠와 엄마의 태현이 몸 성히 잘 있겠지? 공부 잘하고, 친구들과도 신나게 잘 놀고…. 아빠는 태현이가 보고 싶어서, 빨리 그곳으로 가려고 열심히 그림을 그리고 있단다. 아빠는 아픈 데 없이 건강하니까 너도 건강하게 아빠를 기다려다오. - 아빠 중섭"

아들에게 편지와 함께 띄운 이 그림 또한 신수동에서 지내던 시기에 그린 것이다. 오른쪽 위 벽에 〈싸우는 소〉가 걸려 있고 바닥에는 빼곡하게 세워둔 작품들과 커다란 만년필, 잔뜩 쌓인 편지 봉투가 보인다.

그림 속 이중섭은 왼손에는 팔레트, 오른손에는 붓을 들고 커다란 작품을 그리고 있다. 그 작품 속에서 이중섭은 더 이상 혼자가 아니다. 네 가족이 서로를 둥글게 껴안고 하나가 되었다. 이중섭은 자신의 예술을 완성하기 위해, 그리고 아들에게 쓴 것처럼 가족 곁으로 가기 위해 그림을 그리고 또 그렸다.

1955년 1월 18일, 드디어 서울 미도파화랑에서 개인전이 개최되었다. 전시는 좋은 평가를 받으며 성황을 이루었고 총 45점으로 알려진 출품작 가운데 20여 점이 판매되었다. 그러나 은종이 그림이 춘화라는 이유로 철거되는 사건이 일어났다. 또 아내에게 수금이 거의 되었다고 편지한 것과는 달리 실제로는 수금이 잘 되지 않았다. 일본으로 갈 여비를 마련하는 것은 고사하고 생활비를 마련하기에도 빠듯했다. 이중섭은 생활고와 가족을 향한 그리움에 초조하고 실의에 빠진 듯한 모습이었다고 한다. 그러나 이중섭은 곧 기운을 차리고 대구에서 전시를 열기 위해 남은 작품들과 함께 길을 떠났다.

아들에게 보낸 편지에 동봉한 그림
이중섭 李仲燮(1916-1956년)
1954년, 종이에 잉크와 색연필, 26.3×20.3cm

 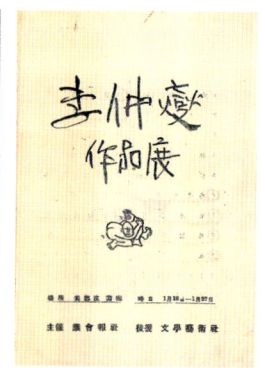

1955년의 이중섭과 전시회 카탈로그

동촌 유원지
이중섭李仲燮(1916-1956년)
1955년 무렵, 종이에 유채, 19.2×26.5cm

"태성에게
나의 귀여운 … 태성이 그동안 잘 있었니? 일전에는 … 엄마와 태현이 형과 셋이서 이노가시라 공원에 소풍을 갔다면서? 동물원의 곰이랑 원숭이랑 학이랑 … 모두 재미가 있었지? 아빠가 가면 … 이번엔 꼭 보트를 태워줄게. 몸 성히 얌전하게 기다리고 있어라. 아빠는 감기로 누워 있었지만 약을 먹고 이젠 아주 좋아졌단다. 그럼 잘 있어요. - 아빠 중섭"

대구에 있는 동촌 유원지를 배경으로 한 만남을 담은 작품이다. 화면 오른쪽 아래 그려진 이중섭이 누군가와 손을 맞잡고 있다. 이 인물은 전쟁이 일어났을 때 그가 가족과 함께 데리고 피난한 조카 이영진으로 추정된다. 굵은 빗방울이 떨어지는데도 아랑곳하지 않고 보트를 타는 사람들, 튜브를 든 채 모래톱을 뛰어다니는 사람들, 유유히 화면을 가로질러 걸어가는 강아지까지 모두가 즐거운 모습이다. 이 왁자한 풍경 속에서 이중섭은 저들처럼 아내 그리고 두 아이와 함께 보트를 타고 노는 내일을 그려보지 않았을까?

5

구상네 가족
이중섭李仲燮(1916-1956년)
1955년, 종이에 연필과 유채, 32×49.5cm

성당 부근
이중섭李仲燮(1916-1956년)
1955년, 종이에 유채, 34×46.5cm

이전에 서귀포나 통영에서 그린 풍경화와 달리 적막한 기운이 감돈다. 해가 졌는지 화면 전체는 낙조에 감싸여 있고, 사람들이 가파른 길을 지나다니고 있는데도 시간이 멈춘 것처럼 정적이 흐른다. 이 작품은 대구에서 멀지 않은 칠곡군 왜관성당 부근을 그린 것이다. 구상은 원산의 수도원이 왜관으로 자리를 옮기고 아내가 근처에 의원을 차리자 왜관에 시골집을 마련했는데, 이중섭이 이 집에 머물던 때에 제작한 작품이라고 한다. 원산은 이중섭이 청소년기와 신혼기를 보냈던 곳이기도 하다.

1955년 4월 11일, 대구 미국공보원에서 다시 한 번 이중섭 개인전이 막을 올렸다. 서울에서 가져온 작품과 새로 제작한 작품을 선보인 전시는 찬사를 받았지만 작품 판매는 기대처럼 순조롭게 진행되지 않았다. 이중섭은 크게 낙담했다. 전시를 마치고 남은 작품을 나눠주거나 불태우기도 했다. 수금도 해야 했지만 기운을 잃은 그는 한동안 대구에 머무르며 칠곡군 칠곡면에 있는 소설가 최태응의 집과 왜관에 있는 구상의 집을 오갔다. 〈구상네 가족〉도 왜관에서 그린 작품이다. "아빠가 한 달 후면 도쿄 가서 꼭 자전거 사줄게. (…) 아빠는 하루 종일 태현이와 태성이, 그리고 엄마가 보고 싶어서 못 견디겠다. 곧 만나게 될 테니…. 아! 아빠는 기뻐요." 몇 번이고 멀리 일본에 있는 아이들에게 자전거를 사주겠다고 약속했던 이중섭은, 구상 부부가 자식들에게 세발자전거를 사주고 기뻐하는 모습을 그림에 담아 선물했다.

여자를 그리워하는 남자
이중섭李仲燮(1916-1956년)
1941년 9월, 종이에 수채와 잉크, 9×14cm

소와 여인
이중섭李仲燮(1916-1956년)
1941년 5월 29일 자 소인, 종이에 먹지로 베껴
그리고 수채, 9×14cm

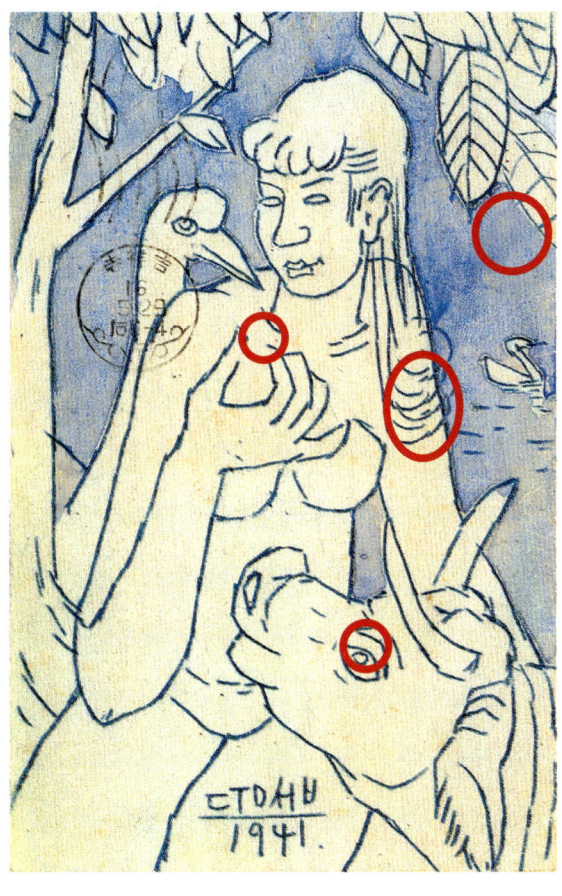

이중섭은 1938년 그가 다니고 있던 도쿄 분카가쿠잉에 신입생으로 들어온 후배 야마모토 마사코를 처음 만났다. 죽어서도 그릴 연인과의 만남이었다. 그는 마사코에게 수많은 그림 엽서를 보냈다. 1940년 12월, 두 사람이 같은 도쿄 하늘 아래 있던 시기에 보내는 사람 주소도 한마디 글도 없이 오직 그림만 그려 띄운 것이 첫 번째 엽서였다. 1941년에 이중섭은 귀국하여 경성 전시에 참가하고 늦여름에서 초가을까지 원산에서 지냈는데 이때 본격적으로 엽서 그림을 그리기 시작했다. 이 해에만 90점 가까이 보냈다고 한다. 엽서 그림 그리기는 1943년까지 이어졌다.

이중섭이 보낸 엽서에는 그의 내면을 상징하는 다양한 인물과 동식물이 등장한다. 온통 물빛으로 칠한 〈여자를 그리워하는 남자〉에는 나무 뒤에 숨어 여자를 바라보는 남자와 물고기 두 마리, 배 한 척이 그려져 있다. 1941년 원산에 있던 이중섭이 바다 건너 마사코를 그리워하는 모습일까? 〈소와 여인〉에서는 소와 오리에 둘러싸인 여인이 손에 열매 같은 것을 든 채로 미소 짓고 있다.

반우반어
이중섭李仲燮(1916-1956년)
1940년 말, 종이에 먹지로 베껴 그리고 수채, 9×14cm

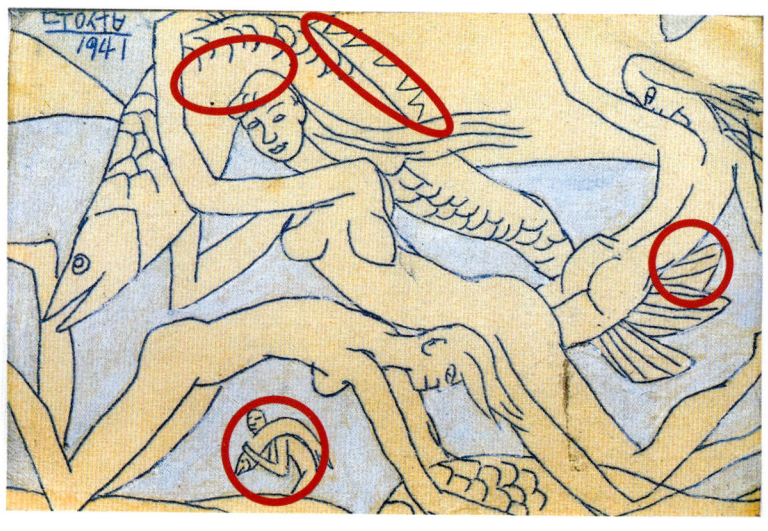

바닷가
이중섭李仲燮(1916-1956년)
1941년, 종이에 먹지로 베껴 그리고 수채, 9×14cm

말과 소를 부리는 사람들
이중섭李仲燮(1916-1956년)
1941년 3월 30일, 종이에 먹지로 베껴 그리고 수채, 9×14cm

이중섭의 엽서 그림에는 소, 말, 염소, 새, 물고기 등 여러 짐승이 그려져 있다.

〈반우반어〉는 가장 이른 시기에 보낸 엽서다.

1940년 12월 25일 성탄절에 띄운 이 서시序詩에는 반은 소이고 반은 물고기인 반우반어에 타고 있는 인물과 오리 곁에 있는 긴 머리카락을 지닌 인물이 등장한다. 유일하게 붉은빛으로 칠해진 연꽃과 소뿔에 매달린 작은 인물은 이들 사랑의 결실일까? 〈바닷가〉에서는 거대한 물고기와 세 여성이 물속을 헤엄치고 있는데, 물고기를 감싸 안은 가운데 여성의 머리카락 모양은 〈소와 여인〉에 등장하는 여성과 닮아 있다.

나뭇잎을 따려는 여자
이중섭李仲燮(1916-1956년)
1941년 5월 15일, 종이에 수채와 잉크, 9×14cm

나뭇잎을 따주는 남자
이중섭李仲燮(1916-1956년)
1941년 5월 16일, 종이에 수채와 잉크, 9×14cm

두 마리 사슴
이중섭李仲燮(1916-1956년)
1941년 4월 24일, 종이에 먹지로 베껴 그리고 수채, 9×14cm

이중섭은 사슴이 등장하는 엽서 그림도 여럿 남겼다.

푸르른 신록이 우거지는 5월, 사슴에 올라탄 여자가 두 팔을 뻗어 높다랗게 매달린 나뭇잎을 따려고 애를 써보지만 마음 같지 않다. 그가 타고 있는 사슴도 입을 크게 벌린 채 목을 뽑아 도움을 주려 하나 끝끝내 닿지 못한다. 저 멀리에서는 서로 손을 잡은 두 인물이 여자를 향해 걸음을 재촉하고 있다.

하루 뒤 보낸 엽서에서는 사뭇 다른 장면이 펼쳐진다. 몸집이 조금 더 굵직하고 꼬리도 긴 사슴의 입은 너끈히 나뭇잎에 닿았고, 그 위에 탄 남자는 두 손에 나뭇잎을 쥐고 있다. 풀밭에 엎드린 여자는 입을 삐죽 내민 얼굴로 남자를 바라본다. 멀찍이서 달려오던 두 인물도 한층 더 가까워졌다.

닭과 게
이중섭李仲燮(1916-1956년)
1954년, 종이에 연필과 구아슈, 29×41cm

물고기와 노는 세 어린이
이중섭李仲燮(1916-1956년)
1953년, 종이에 연필과 유채, 25×37cm

여섯 마리의 닭
이중섭李仲燮(1916-1956년)
1954, 종이에 수채, 9×14cm

〈닭과 게〉는 이중섭이 1954년 통영에서 열린 김상옥 시인의 출판기념회에 참석했을 때 그려준 그림이다. 여기 그려진 닭과 똑같은 모습을 한 닭이 다른 작품에도 등장한다. 붉은 닭과 푸른 닭 여섯 마리가 뒤엉켜 싸우는 모습을 담은 〈여섯 마리의 닭〉이라는 작품이다. 이 작품에서 싸움에 이긴 푸른 닭은 부리에 승리를 상징하는 것으로 보이는 잎을 물고 있다. 승리를 쟁취한 푸른 닭과 집게발을 움직이는 생명력 넘치는 게, 화사한 꽃이 함께 그려진 기분 좋은 선물이다.

이중섭은 다양한 생명체와 어울리는 아이들의 모습을 무척 즐겨 그렸다. 강렬한 대비를 이루는 녹색과 주황색으로 그린 〈물고기와 노는 세 어린이〉에서 아이들은 물고기와 둥근 모양을 이루며 하나로 이어져 있다.

다섯 어린이
이중섭李仲燮(1916-1956년)
1954년, 종이에 수채, 23.5×17.5cm

두 아이와 물고기와 게
이중섭李仲燮(1916-1956년)
1954년, 종이에 먹과 수채, 53.5×26.5cm

〈다섯 어린이〉는 편지에 그려진 그림으로 마치 만화처럼 세 개의 칸으로 나누어져 있으며 아이들과 게, 새, 물고기 그리고 꽃까지 유독 많은 추억을 품고 있다. 곳곳에서 익살스러운 표현이 돋보인다. 한 아이에게 다리를 붙잡힌 게가 한쪽 집게발로 다른 아이의 발을 앙 물고 있는가 하면, 아이의 키보다 큰 물고기는 기다랗게 늘어져 곧 땅에 닿을 듯하다.

〈두 아이와 물고기와 게〉에서는 다른 그림들에서 볼 수 있는 끈을 활용한 구성이 사용되었다. 이중섭은 아이들과 함께하는 친구로 게를 자주 등장시켰는데, 서귀포에서 지낼 때 게를 너무 많이 잡아먹어 미안한 마음에 게를 그리기 시작했다고 한다.

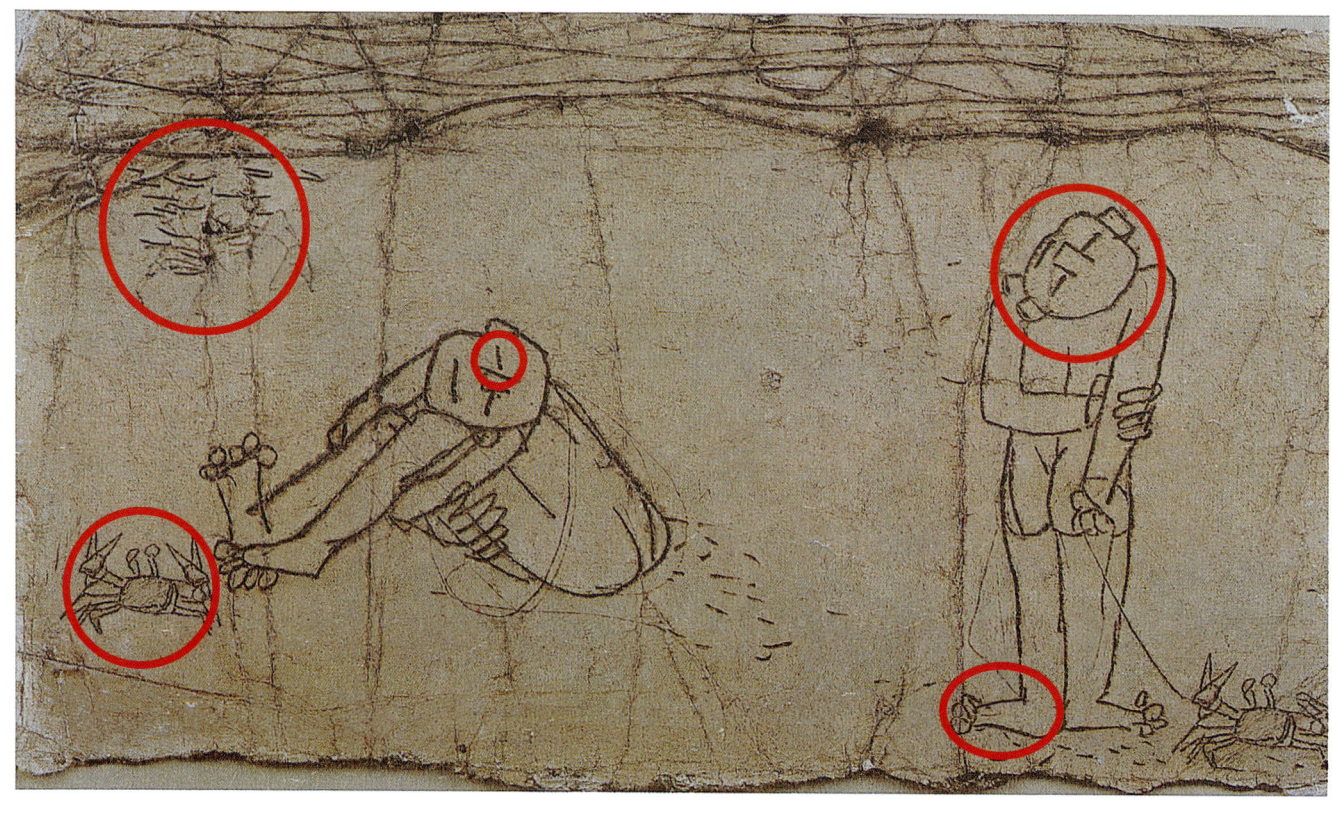

은종이 그림
이중섭李仲燮(1916-1956년)
은종이, 8.6×15cm

묶인 사람들
이중섭李仲燮(1916-1956년)
1952년 무렵 추정, 은종이에 유채, 8.5×15cm

빽빽하게 채우는 대신 여백을 남긴 이 작품은 멀찍이 떨어져 있는 두 아이 사이에 어떤 이야기가 흐르고 있을지 상상을 불러일으킨다. 한쪽 끝을 게의 다리에 매단 끈을 잡고 뒤돌아 서 있는 아이는 초조한 것인지 발끝을 까닥이며 조심스럽게 고개를 기울인다. 아이의 얼굴은 반대편으로 돌아앉은 아이를 향해 있다. 담뱃갑에 든 은종이를 화폭으로 사용한 이중섭의 은종이 그림은 어디에서도 찾아볼 수 없는 특별한 작품이다. 이중섭은 은종이라는 독특한 재료에 생각 이상으로 다양한 주제와 소재를 담아냈다. 아내 마사코의 말에 따르면 이중섭은 은종이 그림은 어디까지나 에스키스(esquisse, 큰 작품을 제작하기에 앞서 시험 삼아 그린 그림)에 불과하다며 형편이 나아지면 대작으로 완성시키겠다는 계획을 품고 있었다고 한다. 마치 유구한 세월이 새겨진 동굴벽화를 작은 화폭으로 옮긴 듯한 은종이 그림은 대작을 위한 밑바탕이자 그 자체로 완성된 예술 작품이었다. 한 예로 〈묶인 사람들〉은 비움과 채움, 속박과 자유 등이 표현된 구성이 빼어난 작품으로 대작의 기운이 엿보인다.

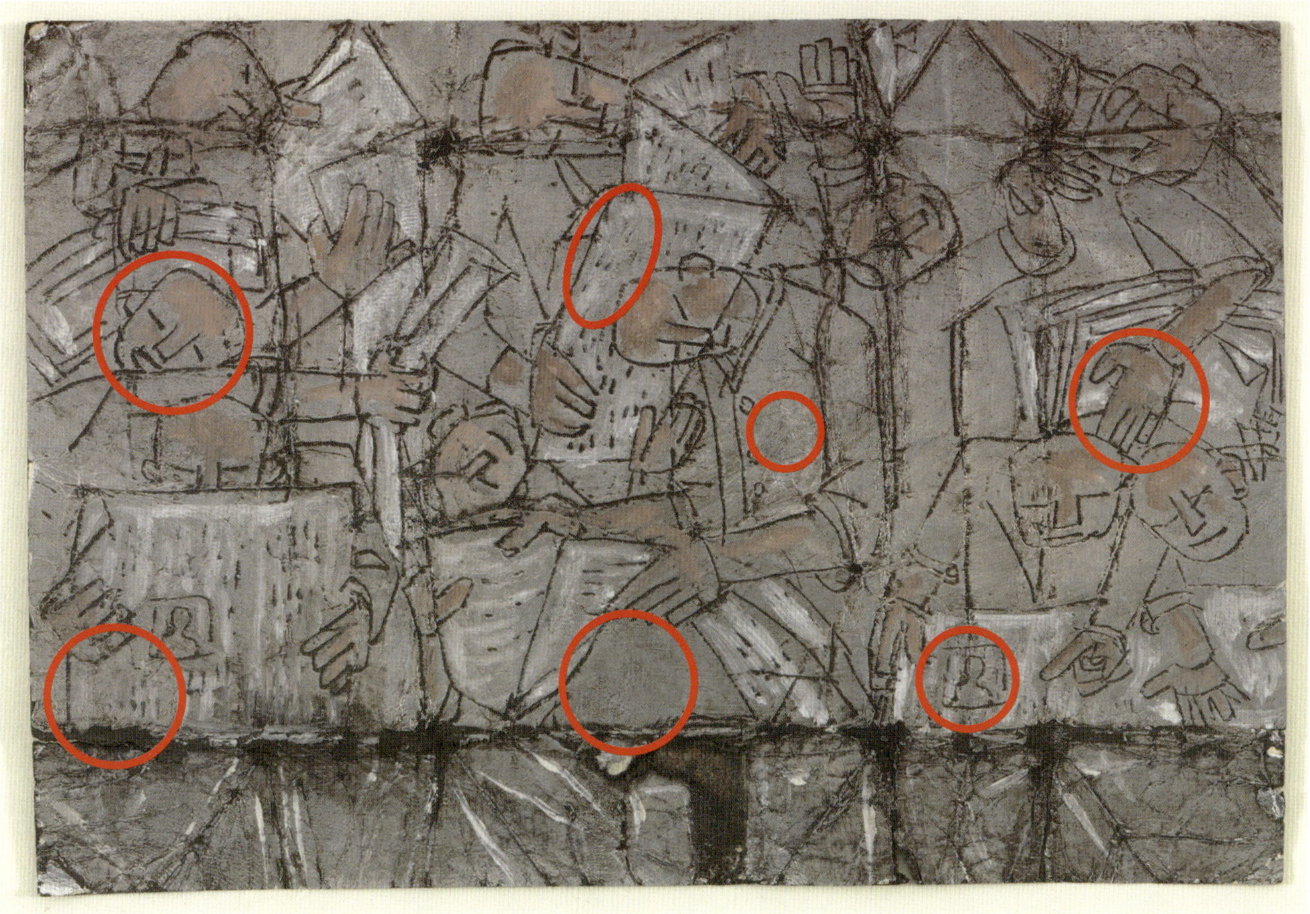

신문 보는 사람들
이중섭李仲燮(1916-1956년)
1950~1952년, 은종이에 유채, 9.8×15cm, 뉴욕 현대미술관

신문을 읽느라 여념이 없는 사람들과 이들에게 신문을 전해 주는 듯 신문 뭉치를 들고 있는 소년들이 빼곡히 그려져 있다. 〈신문 보는 사람들〉 외 두 개의 은종이 그림은 20세기 한국인 화가의 작품 가운데 유일하게 뉴욕 현대미술관에 소장되어 있다. 1953년 부산 미국문화원에 부임한 외교관이자 서울대학교 강사를 지낸 맥타가트는 1955년 서울에서 열린 이중섭 개인전을 보고 그의 작품 세계가 동양과 서양의 특징을 아우른다고 평했다. 동양화의 형식과 몽환적인 특질을 추구하는 동시에 서구가 가진 색채를 융합시켰다는 것이다. 맥타가트는 이중섭 작품전이야말로 볼 만하다고 평가하며 중요한 것은 수집할 가치가 있다고 했다. 그는 은지화 세 점을 구입하여 뉴욕 현대미술관에 기증했다.

나무와 달과 하얀 새
이중섭李仲燮(1916-1956년)
1956년, 종이에 크레파스와 유채, 14.7×20.4cm

나무 위의 노란 새
이중섭李仲燮(1916-1956년)
1956년, 종이에 크레파스와 유채, 14.7×15.5cm

잎사귀를 모두 떨군 벌거벗은 나무에 눈이 대신 내려앉았다. 나무들 사이로 노란 새 세 마리의 모습이 보인다. 저마다 가지에 앉고, 거꾸로 매달리고, 어디론가 날아가고 있는 새들은 같은 공간에 있지만 외따로 존재하는 듯하다. 이중섭은 이와 비슷한 그림을 몇 개 더 그렸는데 달이 떠 있는 〈나무와 달과 하얀 새〉는 한층 서정적이다.

대구 개인전의 실패로 실망과 분노에 휩싸인 이중섭은 영양 부족까지 겹쳐 건강이 점차 악화되었고 신경쇠약 증세를 보였다. 보다 못한 구상이 1955년 7월 그를 대구 성가병원에 입원시켰는데, 입원하자마자 음식을 거부하고 아내가 보내온 편지를 읽지도, 답장을 쓰지도 않고 소식을 끊었다. 그는 삶의 원동력인 듯 그토록 기다리고 재촉하던 아내의 서신들을 끝끝내 열어보지 않은 채 구상에게 도로 돌려보내 달라고 부탁했다. 구상에 따르면 이중섭은 이렇게 말했다. "나는 세상을 속였어! 예술을 한답시고 공밥을 얻어먹고 놀고 다니며 후일 무엇이 될 것처럼." "남들은 저렇게 세상과 자기를 위하여 바쁘게 봉사하는데." "내가 동경에 그림 그리러 간다는 게 거짓말이었다. 남덕이와 어린 것들이 보구 싶어서 그랬지." 그러면서 화장실을 쓸고 닦고, 길에서 노는 어린아이들을 씻겨주고는 했다는 것이다. 확신에 차서 "올바르게 완성하지 않아서는 안 될 새로운 시대의 회화"를 그리고자 했던 그는 자신의 예술로 헤쳐 나갈 수 없는 현실 앞에 무너져 다른 무엇으로라도 쓰이려 한 것일까?

지게를 지고 있는 아빠 이중섭, 머리에 새를 인 채로 자애로운 미소를 띤 어딘가 부처의 모습을 닮은 엄마 마사코, 작품 전체를 두르고 있는 푸른 천을 살포시 받쳐 든 아이와 아빠의 손에 수북이 쌓여 흩날리는 꽃잎 같은 것을 바라보는 아이. 살아서 다시 이루지 못한 단란한 가족의 모습.

1955년 8월 26일 이중섭은 대구 성가병원에서 퇴원하고 사촌형 이광석, 김이석, 구상과 서울로 올라왔다. 이광석이 그를 자신의 집으로 데려가 보살폈지만 미국으로 연수를 떠나게 되었고 구상은 종군화가로 신분을 꾸며 이중섭을 수도육군병원 입원시켰다. 거식증을 앓던 그를 죄수 고문하듯 대하는 장면을 목격했다는 화가 한묵의 주선으로 이중섭은 다시 삼선동의 성베드로신경정신과병원으로 옮겨 갔다. 그해 늦가을에 퇴원한 이중섭은 한묵과 함께 정릉에서 살기 시작했다. 살아오며 인연을 맺은 많은 친구들이 정릉으로 찾아와 정을 나누었다. 황달이 극심해진 가운데서도 〈나무 위의 노란 새〉 등의 작품을 제작하고 주로 삽화를 그리며 지냈다.

1954년 5월 진주에서의 이중섭

가족
이중섭李仲燮(1916-1956년)
1954년, 종이에 유채, 41.6×28.9cm

가족과 비둘기
이중섭 李仲燮 (1916-1956년)
1956년 무렵, 종이에 유채,
29×40.3cm

넓은 붓으로 그는 힘차면서도 부드러운 흰색 선이 네 가족과 비둘기를 하나로 이어주고 있다. 서로를 얼싸안은 아내와 두 아이를 향해 서 있는 이중섭이 두 손으로 받쳐 든 새하얀 비둘기를 마사코의 손에 조심스레 건네는 듯하다. 이들 사이사이에는 옷감과 한 덩어리인 양 녹아드는 붉은 꽃과 푸른빛이 도는 잎사귀가 배치되어 있다. 성베드로병원에서 퇴원을 일주일 앞두고 이중섭은 아내에게 생애 마지막 편지를 띄웠다.

"나의 소중한 남덕 군

11월 24일, 12월 9일에 부친 편지 고마웠소. 대구, 서울의 여러 친구의 정성 어린 보살핌으로 이젠 완전히 건강을 되찾아, 이제 일주일쯤 뒤에는 성베드로병원에서 퇴원하게 되오. 안심하기 바라오. 너무나 그대들이 보고 싶어 무리를 한 탓이라고 생각하오. 당신 혼자 태현, 태성이를 데리고 고생하게 해서 면목이 없구려. 내 불민함을 접어 용서하시오. 요즘은 그림도 그리며 건강하게 지내고 있으니 걱정일랑 마시오. 4, 5일 후엔 하숙을 정해서, 당신과 아이들에게 그림을 그려 보낼 생각이오. 기대하고 기다려주시오. 건강에 주의하고 조금만 참고 견디시오. 도쿄에 가는 것은 병 때문에 어려워졌소. 도쿄에서 당신과 아이들이 이리로 올 수 있는 방법과, 내가 갈 수 있는 방법을 피차에 서로 모색해서 빠르고 완전한 방법을 취하기로 합시다. 이리저리 알아보고 다시 연락하겠소. 그럼 건강한 소식 기다리오. - 중섭"

5

눈이 펄펄 내리는 날 창문가에 기댄 이는 누구를 이토록 하염없이 기다리고 있는 것일까? 장에 나갔다가 머리 위에 짐을 이고 돌아오는 어머니인지도, 바다 건너 이국땅에 있는 아내와 아이들인지도, 더는 화폭에 옮겨 그릴 여력이 없는 그의 안에서 솟아나는 새로운 표현들인지도 모른다.

〈돌아오지 않는 강〉은 이중섭의 마지막 작품이다. 이 작품을 그릴 무렵 국내에 개봉한 마릴린 먼로 주연의 영화 '돌아오지 않는 강'과 같은 제목을 붙였다. 그는 간절한 기다림이 담긴 이 작품과 유사한 그림을 다섯 점이나 남겼다. 모든 그림에 눈이 내리고 있는데, 그해에 전쟁으로 헤어진 어머니를 비롯한 가족들이 있는 영동 일대에 엄청난 폭설이 내렸다.

돌아갈 수 없는 고향, 다시는 만날 수 없는 이들을 향한 그리움은 영원히 녹지 못한 채 눈처럼 쌓여가기만 한다.

영양실조와 간염에 시달리던 이중섭은 다시 음식을 거부하기 시작했다. 1956년 봄 몇몇 친구들의 결정으로 청량리 뇌병원에 입원했으나 정신 이상이 아니라는 진단을 받았고, 7월에 구상은 내과 치료를 위해 이중섭을 서대문 적십자병원으로 옮기기로 했다. 그는 창살 너머로 환자들에게 일일이 악수를 청하고 작별 인사를 건넨 뒤에야 병원을 떠났다고 한다. 8월에 퇴원하여 잠시 고모 집에서 지냈지만 증세가 심해져 다시 적십자병원에 입원해야 했다. 재입원하고 한 달가량이 흐른 9월 6일, 이중섭은 지켜보는 이 하나 없이 홀로 세상을 떠났다. 무연고자로 분류된 지 3일이 지나 이 소식을 알게 된 친구들이 장례를 치렀다. 화장된 뼈의 일부는 망우리 공동묘지에, 일부는 일본의 부인에게 전해져 가족묘지에 있다.

돌아오지 않는 강
이중섭李仲燮(1916-1956년)
1956년, 종이에 유채, 20.3×16.4cm

| 명화 속 틀린 그림 찾기 시리즈 |

흥미로운 퍼즐과 풍요로운 예술의 만남!

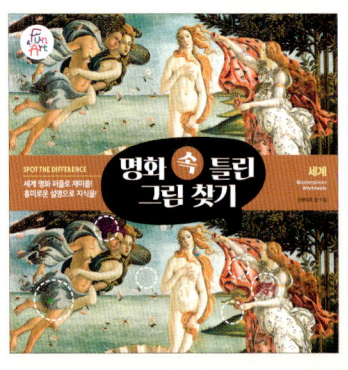

명화 속 틀린 그림 찾기 001
– 세계 Masterpieces Worldwide

펀앤아트 랩 지음 | 96쪽 | 값 13,000원

동서양의 명화 30점을 엄선해 한 권에 담았다. 르네상스 시대의 걸출한 천재 다 빈치, 네덜란드 황금시대의 페르메이르, 짧은 생애만큼이나 강렬한 그림을 남긴 반 고흐, 모든 갈래에서 완벽한 화풍을 보인 김홍도, 비극적 삶마저 신화로 남은 이중섭까지, 시선을 사로잡는 세계 명화를 구석구석 누비는 동안 잠든 두뇌가 깨어나고 그림 보는 눈이 자라난다.

명화 속 틀린 그림 찾기 002
– 서양 Western Masterpieces

펀앤아트 랩 지음 | 96쪽 | 값 13,000원

한 권의 책으로 드넓은 서양 미술의 바다를 항해한다. 상징과 기원으로 그려낸 중세 회화에서 출발해 피렌체에서 화려하게 꽃핀 르네상스 미술, 소박하고 현실적인 풍경을 담아낸 플랑드르 미술, 파리에서 태어나 유럽 전체로 퍼져나간 인상주의, 파격과 혁명으로 저마다의 길을 개척한 근현대 미술에 다다르기까지 미켈란젤로, 렘브란트, 고야, 밀레, 마티스 등 대가들의 작품이 길을 인도한다.

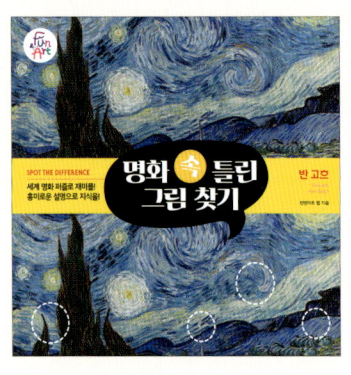

명화 속 틀린 그림 찾기 003
– 반 고흐 Vincent Van Gogh

펀앤아트 랩 지음 | 96쪽 | 값 13,000원

강렬한 색감으로 조용히 소용돌이치는 불꽃들! 〈해바라기〉, 〈감자 먹는 사람들〉, 〈밤의 카페 테라스〉, 〈별이 빛나는 밤〉, 〈까마귀가 나는 밀밭〉, 〈자화상〉 등 오늘날 전 세계인들에게 가장 널리 사랑받는 화가 빈센트 반 고흐의 작품을 연대순으로 따라가며 화법의 변화를 살피고, 동생 테오와 주고받은 편지를 통해 그의 내면과 예술 세계를 함께 들여다본다.

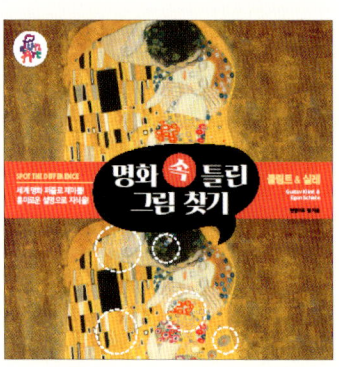

명화 속 틀린 그림 찾기 004
– 클림트 & 실레 Gustav & Schiele

펀앤아트 랩 지음 | 96쪽 | 값 13,000원

찬란한 황금빛과 화려한 색채로 관능적인 여성, 성性과 사랑, 삶과 죽음을 그려낸 화가 클림트. 불안한 청춘의 고뇌를 성에 대한 강박, 고독, 죽음으로 풀어낸 에곤 실레. 때로는 스승과 제자로, 때로는 동료 예술가로 같은 시공간을 산 두 화가의 대표작을 통해 19세기 말, 20세기 초 화려함과 불안감이 뒤섞인 오스트리아 빈을 만난다.

번잡하고 따분한 일상에 단순한 몰입과 발견의 기쁨을 선물합니다.

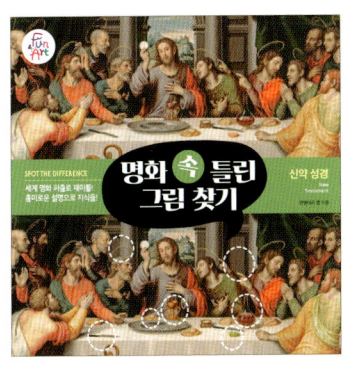

명화 속 틀린 그림 찾기 005
– 신약 성경 New Testament

편앤아트 랩 지음 | 96쪽 | 값 13,000원

명화로 만나는 신약 성경. 천사가 성모 마리아에게 성령으로 잉태할 것을 알리는 수태고지부터 동방박사의 경배, 성가족의 이집트 도피, 그리스도의 세례와 수난, 부활에 이르기까지 예수의 생애 전반을 다룬다. 틀린 그림 찾기를 통해 서양 미술은 물론 전 세계의 역사와 문화에 막대한 영향을 끼친 기독교의 상징들을 읽어내는 눈을 기른다.

명화 속 틀린 그림 찾기 006
– 구약 성경 Old Testament

편앤아트 랩 지음 | 96쪽 | 값 13,000원

명화로 만나는 구약 성경. 인류의 탄생을 그린 천지창조부터 시작해 아담과 이브의 에덴동산 추방, 대홍수와 노아의 방주, 바벨탑 건설, 이삭을 제물로 바친 아브라함, 애굽으로 팔려간 요셉, 이스라엘 민족의 이집트 탈출과 시나이 계약 등 구약 성경의 주요 사건과 다윗과 골리앗, 솔로몬, 삼손과 데릴라 등 성경 속 인물들의 이야기를 살펴본다.

명화 속 틀린 그림 찾기 007
– 우리 옛 그림 Korean Masterpieces

편앤아트 랩 지음 | 96쪽 | 값 13,000원

먹선 사이를 거닐며 우리의 옛 그림을 산책한다. 고려 시대의 불화부터 한반도의 강산을 옮겨놓은 산수화, 익살스러운 삶의 풍경을 담은 풍속화, 세밀하고 아기자기한 행렬도, 사람의 인품마저 풍겨 나오는 인물화, 살아 숨 쉬는 듯한 동물화와 온갖 신비로운 물건을 진열해둔 책거리까지, 국보와 보물을 아우르는 다채로운 한국화의 세계가 펼쳐진다.

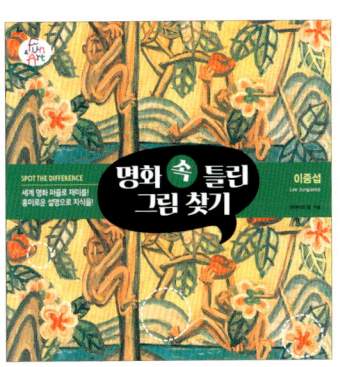

명화 속 틀린 그림 찾기 008
– 이중섭 Lee Jung Seop

편앤아트 랩 지음 | 96쪽 | 값 13,000원

명화로 만나는 구약 성경. 인류의 탄생을 그린 천지창조부터 시작해 아담과 이브의 에덴동산 추방, 대홍수와 노아의 방주, 바벨탑 건설, 이삭을 제물로 바친 아브라함, 애굽으로 팔려간 요셉, 이스라엘 민족의 이집트 탈출과 시나이 계약 등 구약 성경의 주요 사건과 다윗과 골리앗, 솔로몬, 삼손과 데릴라 등 성경 속 인물들의 이야기를 살펴본다.

명화 속 틀린 그림 찾기 008-이중섭

초판 1쇄 펴냄	2022년 1월 20일	
개정판 1쇄 펴냄	2024년 7월 10일	
지은이	편앤아트 랩	
펴낸이	신민식 신지원	
펴낸곳	도서출판 지식여행	
출판등록	제2010-000113호	
주소	서울시 마포구 토정로 222 한국출판콘텐츠센터 419호	
전화	영업(휴먼스토리) 070-4229-0621 편집 02-333-1122	
팩스	02-333-4111	
이메일	editor@jisikyh.com	
ISBN	978-89-6109-543-3 14650	
	978-89-6109-535-8 14650 (세트)	

* 책값은 뒤표지에 적혀 있습니다.
* 잘못된 책은 구입한 곳에서 바꾸어 드립니다.
* 이 책의 전부 또는 일부 내용을 재사용하려면 사전에 도서출판 지식여행의 동의를 받아야 합니다.